飾って楽しむ動物たちのインテリア

フェルトでつくる　アニマルトロフィー

誠文堂新光社

Hande und Stitch

はじめに

アニマルトロフィーを作り始めたのは
2010年、ドイツ・ハンブルクに滞在していた時。
「剥製でもぬいぐるみでもない動物の雰囲気を、布で表現したい」と、
シカのアニマルトロフィーを作ってみたことがすべての始まりでした。

帰国後、本格的に創作活動を開始。
並行して開催しているワークショップは、
アニマルトロフィーを作る楽しさを分かち合い、
ハッピーな気持ちを感じてもらいたい、という思いでスタートしました。
そして、"アイデアや作り方をもっと伝えていきたい"という新たな気持ちが、
この本を出すきっかけとなりました。

最初の1体目はうまく作れないかもしれませんが、
あきらめずにチャレンジしてみてください。
手間と時間をかけて作った喜びはとても大きく、
お部屋に飾ればさらに楽しい気持ちになれるはずです。

最後に、この本を手に取ってくださった皆さま、
これまで活動を支えてくださった皆さま、
出版の機会を与えてくださった皆さま、ありがとうございました。

Danke schön.　ダンケ シェーン
（ドイツ語でありがとう）

Hande und Stitch　花村一晃

CONTENTS

SVENSKA VÄXTER

トナカイ

ピンクの鼻、ナチュラルトーンの配色、首回りのバンビファーでかわいらしく表現しました。角は前方に垂れてこないよう、わたを根元までしっかり詰めて縫い閉じてください。

HOW TO MAKE → p.40, 53
PATTARN → p.73

アルガリ

毛足の短いファーを首回りとあごヒゲに使用してワイルドな印象に。反対に配色はパステル系のかわいらしい色でまとめました。2本のねじれた大きな巻き角は、わたをしっかり詰めて形を整えてください。

HOW TO MAKE → p.54
PATTERN → p.76

A List of Nice Sounds;
book pages
you can hear a smile
in someones voice.

シカ

本物に近い配色で、森にいる子ジカをイメージしてみました。３本に枝分かれした角は迫力のあるバランスに。暖色系のパステルカラーでつくると、やさしい印象の作品ができ上がります。

HOW TO MAKE → p.56
PATTERN → p.78

ユニコーン

女性を守ってくれると言われている伝説の動物、ユニコーン。強く、たくましく、美しいイメージの配色と毛足の長いファーのたてがみ、そして力強いアイラインの刺繍がポイントです。

HOW TO MAKE → p.58
PATTARN → p.80

フェルトの色を変えたり、異なる質感の布を使うのも、作る際の楽しみのひとつ。フェイクファーも、色や毛足の長さを変えるだけで作品の雰囲気ががらりと変わります。好きな配色や素材を組み合わせて、自分だけのアニマルトロフィー作りにチャレンジしてみてください。

ヒツジ

モコモコのボアの質感が愛らしいヒツジ。小ぶりな巻き角とたれ耳は、それぞれ角度のバランスを見ながら取り付けてください。わたをぎっしり詰め込めば丸くやさしい印象に仕上がります。

HOW TO MAKE → p.60
PATTARN → p.82

ヤギ

手紙を食べはじめそうな躍動感。シンプルなシルエットが潔いヤギは、イエローの目と小ぶりな角がポイントです。あごヒゲには毛足の長いフェイクファーを使用してみてください。

HOW TO MAKE → p.62
PATTARN → p.84

ポニー

くりっとした目と上向きの耳の愛くるしさが絶妙なポニー。口周りに切り替えを設け、表情に変化を付けました。最後に馬具を取り付けることで、雰囲気がいっそう本物に近づきます。

HOW TO MAKE → p.64
PATTERN → p.86

型紙の縮尺を変える

この本の作品はすべて右上のヤギと同じ大きさです。まずは巻末の型紙をA3サイズに拡大コピー（163%）して作ってみてください。慣れてきたら好みの大きさに拡大・縮小をすればさまざまな大きさの作品が作れます。

ミシンと手縫いの違い

左がミシン縫いで右が手縫いの作品。ミシン縫いはすっきりとシャープに、手縫いは丸みを帯びたやさしい雰囲気に仕上がります。わたをパンパンに入れることで現れる、手縫いならではの縫い目が作品のアクセントになります。

アルパカ

モコモコのボア部分は、ペットブラシで起毛させて質感を出しました。耳は頭の上部にピンと立たせて付けてください。鼻下に口のラインを入れればいっそう表情が豊かになります。

HOW TO MAKE → p.66
PATTARN → p.88

インパラ

カーブした角のイメージをボーダー柄で表現しました。シックで落ち着いた配色とあごヒゲのファーがポイントです。わたをしっかり詰め込むことで先端までピンと角が立ちます。

HOW TO MAKE → p.68
PATTARN → p.90

キリン

角の先端はフェイクファー、首はフェルトを組み合わせたパッチワーク柄で表現。仕上げにまつ毛を入れれば上品な雰囲気に。高い場所につければ本物のキリンが頭を出しているようです。

HOW TO MAKE → p.70
PATTERN → p.93

シマウマチェアー
椅子の4本脚を動物の脚に見立てて全身を表現。背もたれの横にシマウマのアニマルトロフィーを縫い付け、同じストライプの布で椅子全体を張り替えました。　＊参考作品

＊参考作品：p.6上シマウマ、p.7上シカ、p.15上キリン・ヒツジ・ユニコーン。上記シマウマの型紙はp.86ポニーを使用。

用意するもの　アニマルトロフィーを作るときに必要な用具と材料です。

用具　まったく同じ物を揃えなくても大丈夫。自分に合った使い慣れた道具を使ってください。

A 手芸用ばさみ

刃先が細く鋭い小さめのはさみ。布に切り込みを入れるなど細かな作業で使います。／「ホビー」手芸はさみ（クロバー）

B 裁ちばさみ

フェルトや布を裁つ際に使用します。使い慣れたはさみがあれば、新たに用意する必要はありません。

C 油性マーカー、白ボールペン

型紙をフェルトや布に写す際に。布に写せれば布用でなくても大丈夫です。暗い色の布には白ペンを使ってください。

D ぬいぐるみ針

さし目を通すときに使います。目の間を貫通させるので、長めの針を用意すると便利です。No. 1 ～ 5／57-291（クロバー）

E フランス刺しゅう針

縫い合わせたり返し口を縫う時に使用。使い慣れた針があればそれを使ってもよいです。No. 3 ～ 9／57-039（クロバー）

F カーブ針

アイラインやまつ毛など、まっすぐな針では縫いにくい部分をすくって縫うときに使用。太取合せ／57-234（クロバー）

G まち針

フェルトや布を縫い合わせる際、ずれないように止めます。／さいころパール待針（クロバー）

H 目打ち

さし目を差し込む場所に穴をあける際に使用。ミシンの布送りにも使えるので一つあると便利です。／目打（クロバー）

I 芯を抜いたボールペン

生地を表に返す際、箸と組み合わせて使います。先端に箸が入ればどの種類のボールペンでも可。

J 箸

わたを詰めたり角の先端をとがらせる際に使用。100円ショップでも手に入る、しなりの良い竹製がおすすめです。

K ペットブラシ

ペットショップや100円ショップで購入可能。フェイクファーの毛並みを整えたり、ボアの表面をほどくときに使います。

L ミシン

縫う機能が備わっていればどんな機種でもOK。ミシンを使う際は、針などの必要な道具も用意してください。

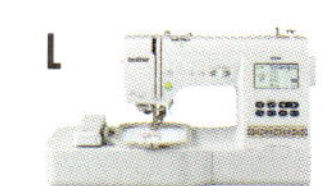
L

＊Lはミシン縫いで作るときのみ使用。
＊本書ではブラザー販売（株）の「Parie（パリエ）」を使用しています。

用意するもの

材料

アニマルトロフィー作りに必要な材料です。
好きな色のフェルトや布を用意すれば、自分好みの作品が作れます。

A フェルト

作品の頭、首、角、耳に使うシート状のフェルト。２サイズあるので、仕上がりサイズによって使い分けてください。／ジャンボ400、ミニー200（サンフェルト）

B フェイクファー

動物の毛皮に似た人工素材。カットする際はファーやボアの毛足をよけて裏面の織生地「基布」を裁断すると毛の切れ端が少なくカットできます。→p.39参照

C 手芸わた

本体の中にたっぷり詰め込みます。パンパンになるまでしっかり詰めるので、多めに用意しておくとよいでしょう。／クリーンわたわた（ハマナカ）

D 目（さし目）

サイズ、色、素材ともにたくさんの種類があります。作品の仕上がりを左右する重要なパーツなので、好みのものを選んでも。／さし目（ハマナカ）→p.39参照

E ミシン糸

ミシンを使う際に使用します。作品の裏側を縫うので、糸はあまり目立ちませんが、なるべくフェルトに近い色の糸を選びましょう。／シャッペスパン#60（フジックス）

F 刺繍糸

返し口を縫ったりアイラインを入れる際に。ラメの糸はアイラインを華やかに。それぞれ３本どりで使います。／25番刺繍糸（DMC）

フェイクファー

手芸店やインターネットで購入可能。似ている素材や毛足の長さのものを選んでください。

① シープボア

モコモコした質感の動物に適した素材で、かわいらしい質感に仕上がります。本書ではヒツジやアルパカの首や頭の部分に使用。ペットブラシでとくとなめらかな手触りになります。同じものがない場合は、似ている素材を使用してください。

＊オカダヤでは代替品を販売（グレーは取り扱い無し）

② アニマルボア（柄入りのファー）

トナカイやシカにリアルな表情をプラスしてくれる子ジカ（バンビ）柄。首周りのポイント部分に使用しています。動物柄のファーは種類がたくさんあるのでいろいろな柄で試してみても。

③ ソフトファー／毛足短め・約2cm

毛が短めの動物を作る際に適した素材。毛足が短いのでくせがつきにくく、扱いやすい長さです。アルガリやキリンのたてがみに使用しています。

④ ブライトファー（ロング）／毛足やや長め・約4cm

インパラのヒゲに使用。やや毛の長い動物の雰囲気に最適で、見た目にもボリューム感が増します。ロングかソフトか迷ったら、この長さを選んでください。

⑤ ロングファー／毛足長め・約6cm

毛が長い動物を作る際に使うと雰囲気が出ます。この本ではユニコーン、ヤギ、ポニーのたてがみやあごヒゲに使用。長い毛を整えると綺麗な質感にまとまります。

問：オカダヤ新宿本店／オカダヤオンラインショップ
＊季節によって取り扱いのない商品もあります。

さし目

作品のサイズやフェルトの色に応じて大きさや色を変えてみても。

9mm

H430-306-9（ライトブラウン）

H430-307-9（ダークブラウン）

H430-308-9（ブルー）

H430-309-9（イエロー）

12mm

H430-306-12（ライトブラウン）

H430-307-12（ダークブラウン）

H430-308-12（ブルー）

型紙を拡大・縮小した際は、でき上がりのサイズに合わせてさし目のサイズも変えます。好みの大きさを選んで付け替えてください。

8mm

H430-301-8（ブラック）
→p.28右下のアルガリ（グリーン）で使用

15mm

H430-306-15（ライトブラウン）
→p.28左上のトナカイ（ベージュ）で使用

問：ハマナカ

HOW TO MAKE　アニマルトロフィーの作り方

本書の作品はすべてp.40～52と同様の手順で作ります。完成までの流れを確認してみましょう。

REINDEER トナカイ（ブラウン）

→ 作品p.10、型紙p.73
サイズ（概寸）縦41cm×横30cm×奥行き18cm

正面

横

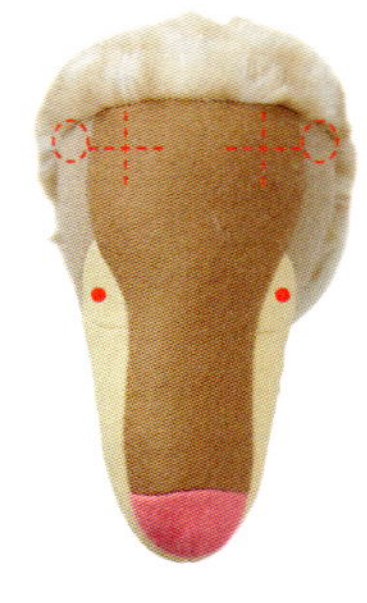

目、耳、角の付け位置

材料（トナカイ1頭分に必要な材料）

角：400…1束　目の上：E3821…1束

1 型紙を用意する

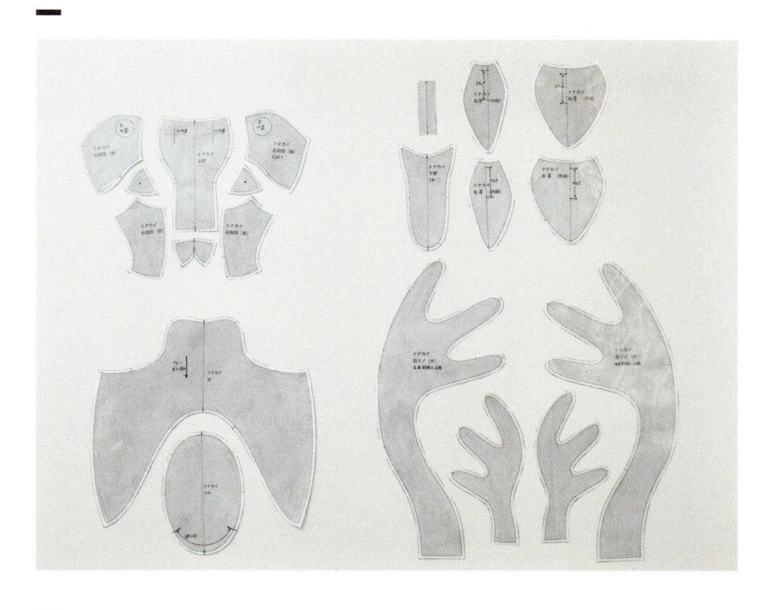

1 巻末の型紙をA3サイズに拡大コピー（163%）して型紙をカットし、各パーツの型紙を作ります。それぞれのパーツに名称を書いておくとわかりやすいです。

型紙について

- 本書掲載作品は、主に巻末の型紙を163%に拡大して制作しています。
- 巻末の型紙には、縫い代分（3mm）が含まれています。
- 内側の色がついた部分（縫い位置の目安）は型紙に写す必要はありません。
- 型紙は外側の線でカットしてください。
- 型紙を拡大縮小してコピーすれば、好みの大きさの作品が作れます。

2 フェルトとファーを裁つ

1 指定のフェルトの上に型紙を置き、油性マーカーで型紙の周囲をなぞり、形を写します。型紙の中心のラインと合印も写します。

2 フェイクファーは、型紙に記載している毛の流れ通りに置き、裏側に形を写します。

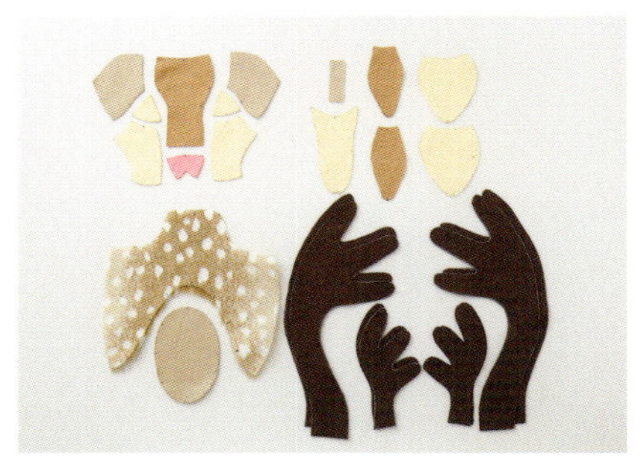

3 **1**、**2**でつけた線の通りにフェルトとフェイクファーを裁ちます。すべてのパーツを裁ったところ。

型紙の写し方

- 型紙に縫い代が含まれているので、パーツとパーツの間はあけなくてもよいです。
- 角を付ける切り込み線（角位置）、耳の付け位置（耳位置）、目の付け位置の点（・）は場所の目安です。書き写す必要はありません。
- 「＊左右対称に2枚」と書いてある型紙は、1枚はそのまま、もう一枚は型紙を裏返して写してください。
- ロール状のフェルトを使用する際は、アイロンをあてて生地を平らにしてから使用すると使いやすいです。

＊本体（顔）のパーツは、型紙の配置通りに縫い合わせます。
＊手縫いで作る場合はp.49～参照。

3　本体を縫う（顔）

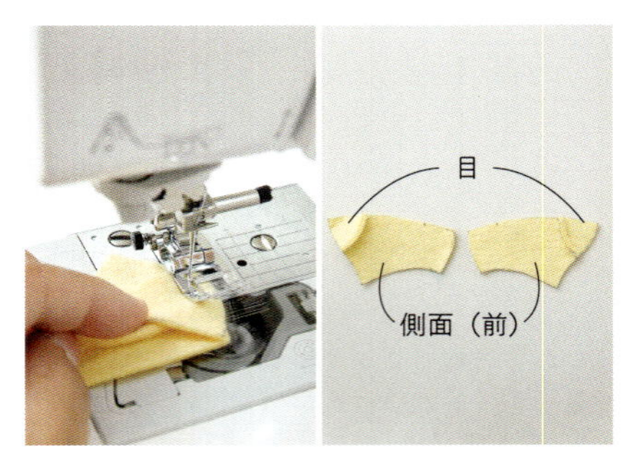

1　**2-3**のパーツをミシンで縫っていきます。左右の目と側面（前）の合印を合わせ、布端から3mm内側を縫い合わせます。

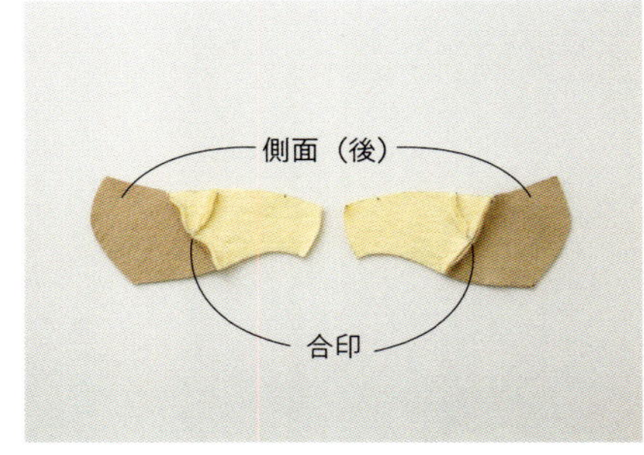

2　**1**と左右の側面（後）の合印を合わせてまち針で仮止めし、縫い合わせます。

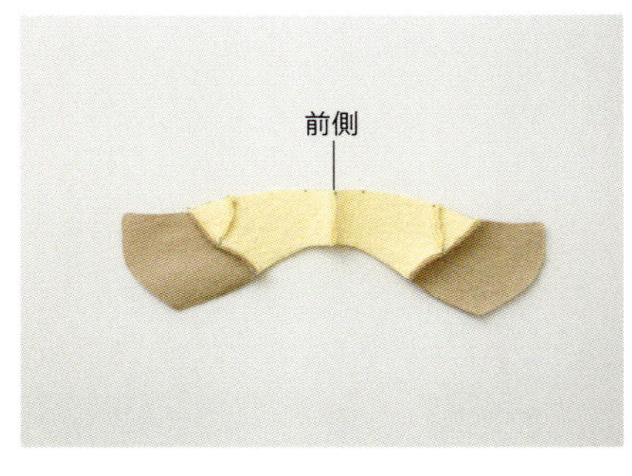

3　**2**の前側同士をまち針で仮止めし、縫い合わせます。

4　鼻の中央の切れ込み部分を合わせてまち針で仮止めし、縫い合わせます。

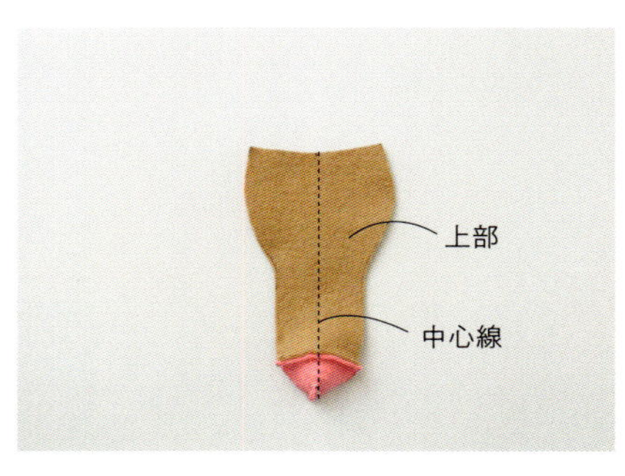

5　**4**と上部の中心線を合わせてまち針で仮止めし、縫い合わせます。

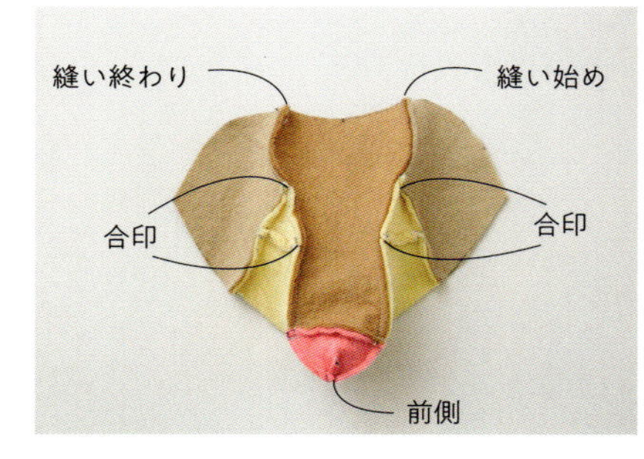

6　**3**の前側と**5**の中心、合印、縫い始め、縫い終わりを中表に合わせてまち針で仮止めし、縫い合わせます。

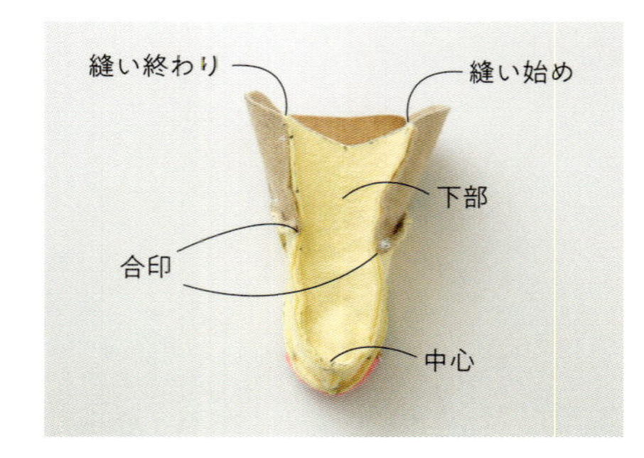

7　**6**をひっくり返し、**6**の前側と下部（あご）の中心、合印、縫い始め、縫い終わりを中表に合わせてまち針で仮止めし、縫い合わせます。本体（顔）ができました。

カーブ部分のミシンの縫い方

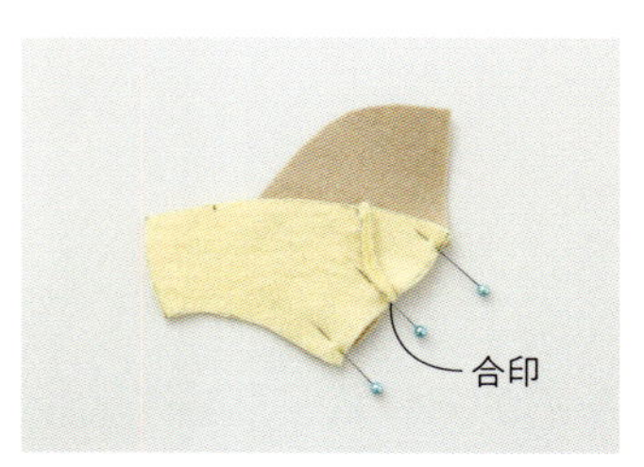

カーブ部分は特にずれやすいので、まち針で合印や縫い始め、縫い終わりを仮止めすると縫いやすくなります。

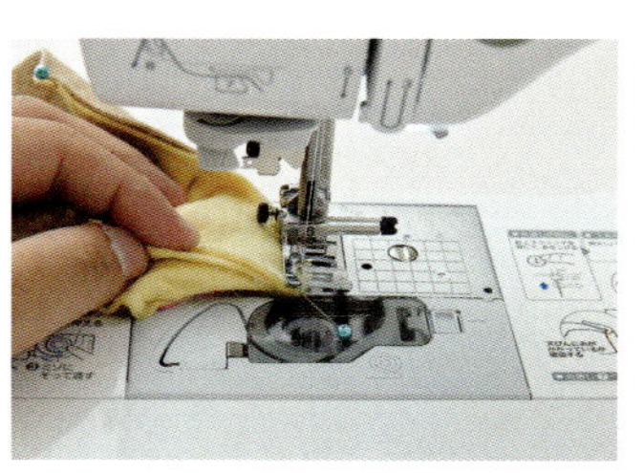

カーブ部分は、少し縫っておさえ金具を上げ、フェルトの角度を変えながらゆっくり縫うときれいに縫えます。

4 本体を縫う（首）

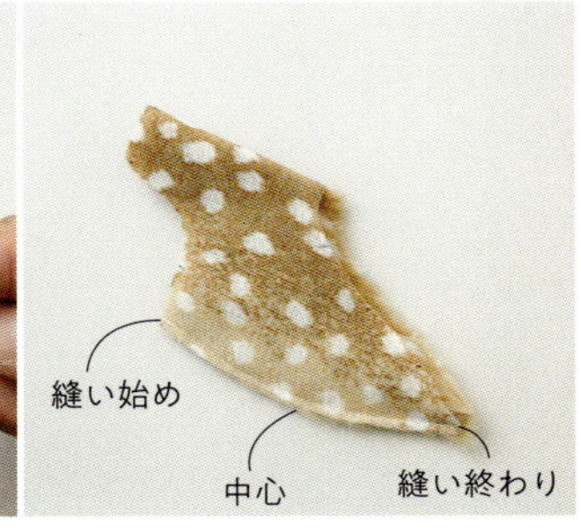

1 首（フェイクファー）の中心、縫い始め、縫い終わりを中表に合わせてまち針で仮止めし、縫い合わせます。ファーの毛は指で中に入れ込みながらまち針で止めます。

2 **3-7**を表に返して**1**の中に入れます。**1**のわの中心の上下、左右の合印をまち針で仮止めし、ぐるりと一周縫い合わせます。

3 **2**の顔部分を裏に返します。

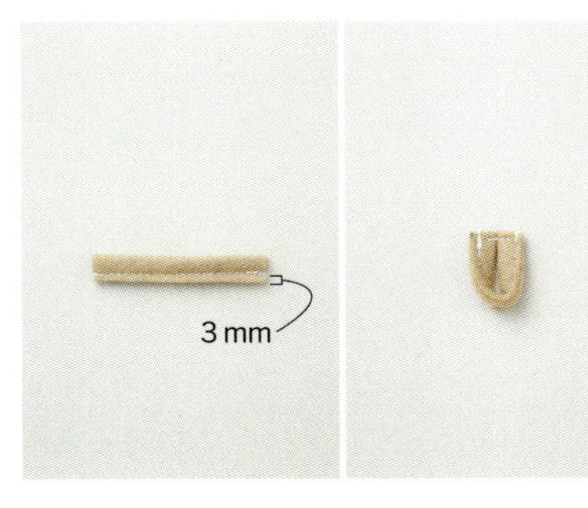

4 ループを縫います。パーツを中心で折り畳み、布端から３mm内側をミシンで縫い合わせます。さらに曲げてわを作り、上部分を縫い合わせます。

5 **4**をふたの上部（返し口の反対側）に縫い合わせます。

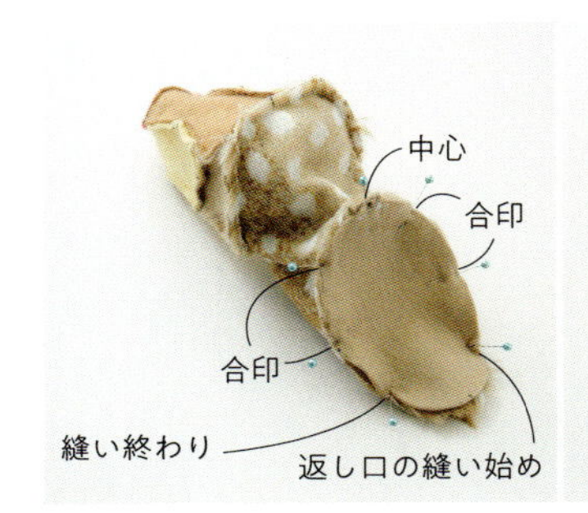

6 **5**を中表にして**3**の開口部に重ね合わせ、中心、合印、返し口の縫い始めと縫い終わりをまち針で仮止めし、返し口を残してミシンで縫い合わせます。

7 **6**を返し口から表に返します。本体が完成しました。

5 耳を縫う

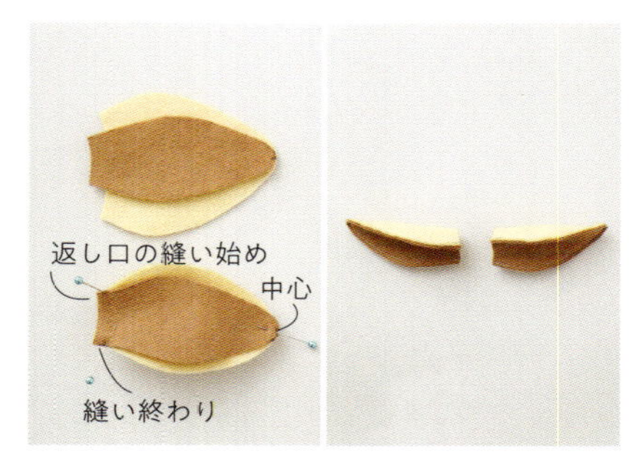

1 耳の外側と内側を1枚ずつ合わせ、合印、返し口の縫い始めと縫い終わりをまち針で仮止めし、返し口を残して縫い合わせます。

2 箸を使って返し口から表に返し、先端がとがるように形を整えます。

3 **2**の指定の位置（p.73型紙の「耳」------部分）にステッチを入れます。耳が完成しました。

6 角を縫う

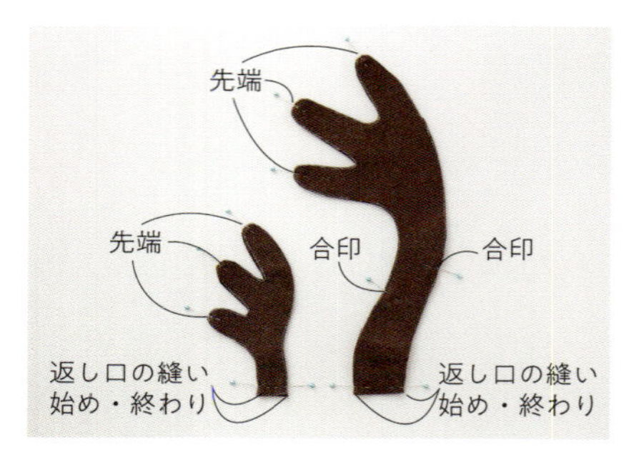

1 大小の角の右角と左角をそれぞれ1枚ずつ合わせ、角の先端部分、合印、返し口の縫い始めと縫い終わりをまち針で仮止めします。

2 返し口を残してミシンで縫い合わせます。

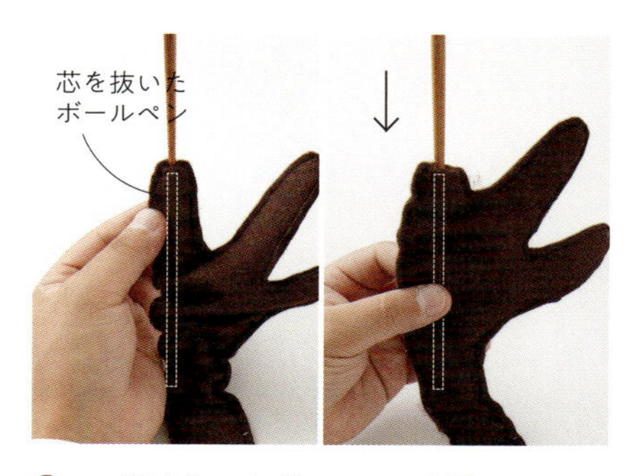

3 芯を抜いたボールペンを返し口から入れ、角先に通します。ペン先の穴に箸の先端をあてて返し口へ押し出して表に返し、角の先端がとがるように形を整えます。

4 すべての角を表に返します。角が完成しました。

7 わたを詰める

1 わたを少しずつとり、形を整えながら耳の返し口から詰めます。全体がかたくなり、返し口からわたがはみ出るくらいまで詰めていきます。

2 角の先はわたを少しずつちぎり、箸のとがっている方で奥に押し込みます。こちらも全体がかたくなり、返し口からわたがはみ出るくらいまで詰めていきます。

3 本体にも、全体がかたくなり返し口からわたがはみ出るくらいまでわたを詰めます。わたが詰め終わりました。

8 返し口を縫う

1 本体は、返し口をコの字綴じ（p.52参照）で縫い合わせます。縫い終わりの玉止めは、フェルトとフェイクファーの隙間に隠します。

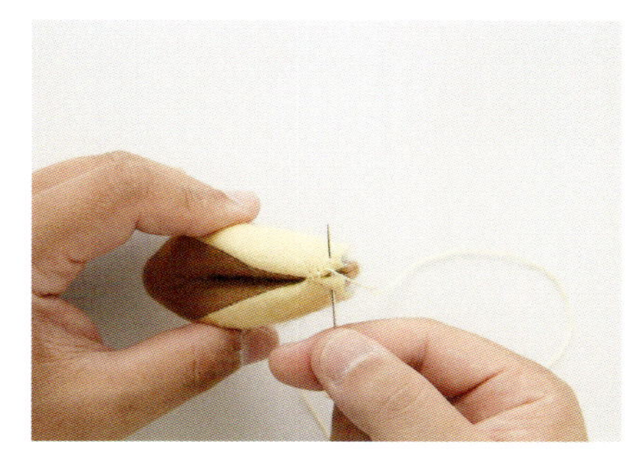

2 耳は、返し口を内側に少し折り、巻きかがり縫い（p.52参照）で縫い絞ります。

3 角は、大小の返し口をそれぞれ一周並縫い（p.52参照）して引き絞り、玉止めします。

4 返し口が縫い終わりました。

9 目を付ける

1 指定の位置（p.73型紙「目」の・部分）に目打ちで穴をあけます。

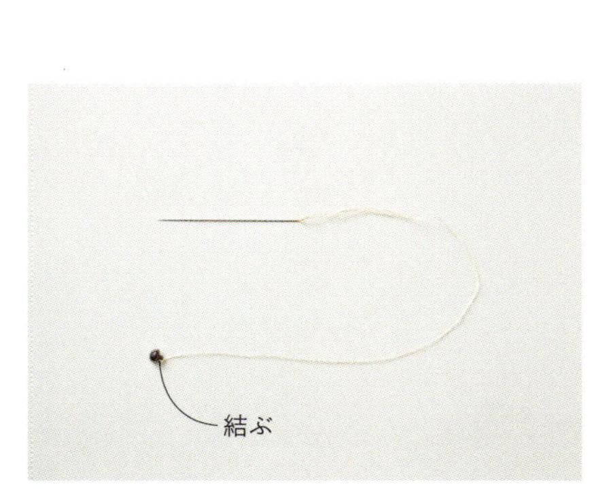

2 片方の目に30cmほどの糸（材料外・何の糸でもよい）を通し、結んで固定して、ぬいぐるみ針に通します。

3 目打ちで開けた片方の穴に針を入れ、もう片方の穴から出します。片目が付きました。

4 もう一つの目に針を通し、**3**で出した穴から針を入れ、**3**で入れた穴の脇から出します。

5　穴の脇から針を入れ、反対側の穴の脇に出す作業を３～４往復して目を固定します。

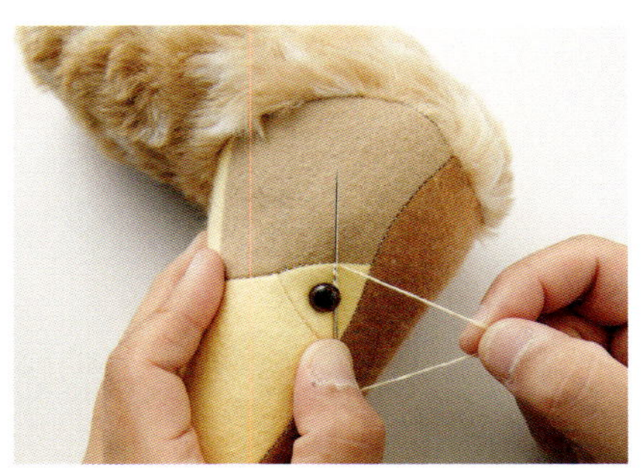

6　目の下部分（表に出ないところ）で玉止めをします。目の下に針を入れ、糸を３回巻きます。

7　糸を手前に引き、巻いた糸を目の下に移動します。

8　巻いた糸が動かないよう指で固定し、針を引き抜きます。玉止めが目の下に隠れました。

9　糸を目から出ないようカットし、目の角度を整えます。目が付きました。

10　角を付ける（大）

1　本体の指定の位置（p.73型紙「上部」の＋部分）に直径約２cm（p.53のベージュは2.7cm）の＋印を付け、はさみで切り込みを入れます。

2　切り込みに親指を入れて左右にぐりぐり回し、角を差し込むための空間（差し込み口）を作ります。

3　**8-4**の角（大）を、差し込み口にねじりながら約２cm（p.53のベージュは３cm）入れます。角の角度と向きはp.40の写真（正面・横）を参照しながら調整してください。

4　差し込み口と角（大）の接地部分を、コの字綴じ（p.52参照）でぐるりと一周縫い合わせます。縫い終わりの玉止めは、角と本体の隙間に隠します。

5 反対側も同様の手順で角（大）を付けます。角（大）が付きました。

11 耳を付ける

1 **8-4**の耳を、本体の指定の位置（p.73型紙「側面」の◌部分）にまち針で前後２カ所仮止めし、コの字綴じ（p.52参照）でぐるりと一周縫い合わせます。縫い終わりの玉止めは、耳の隙間に隠します。

2 反対側も同様の手順で耳を付けます。耳の角度と向きはp.40の写真（正面・横）を参照しながら調整してください。耳が付きました。

12 角を付ける（小）

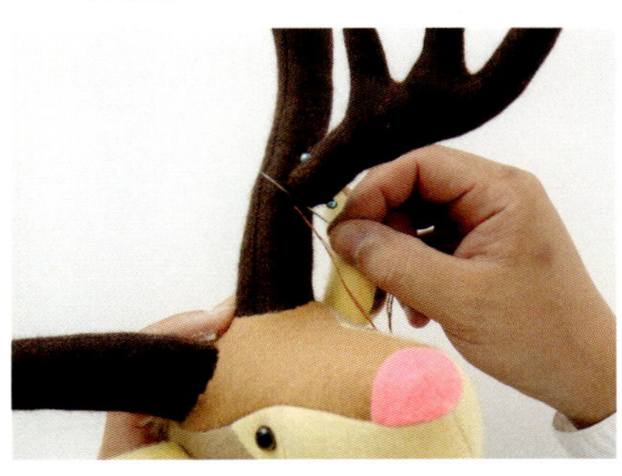

1 **8-4**の角（小）を、**10-5**の角（大）の前側にまち針で前後２カ所仮止めし、コの字綴じ（p.52参照）でぐるりと一周縫い合わせます。縫い終わりの玉止めは、角の隙間に隠します。

2 反対側も同様の手順で角（小）を付けます。角の角度と向きはp.40の写真（正面・横）を参照しながら調整してください。角（小）が付きました。

13 アイラインを入れる

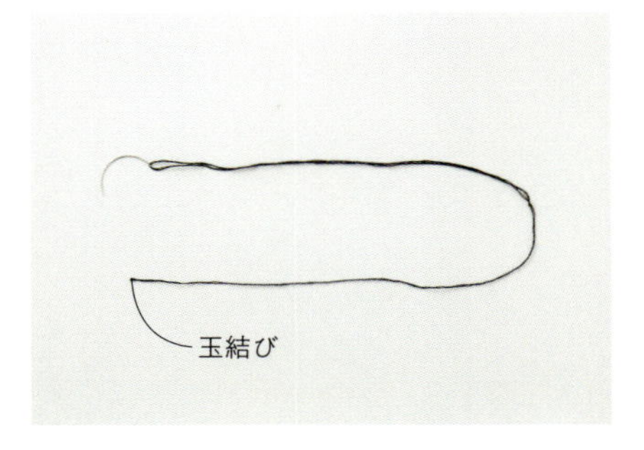

1 指定の刺繍糸を約50cmにカットして３本引き抜き、カーブ針に通して玉結びをします。

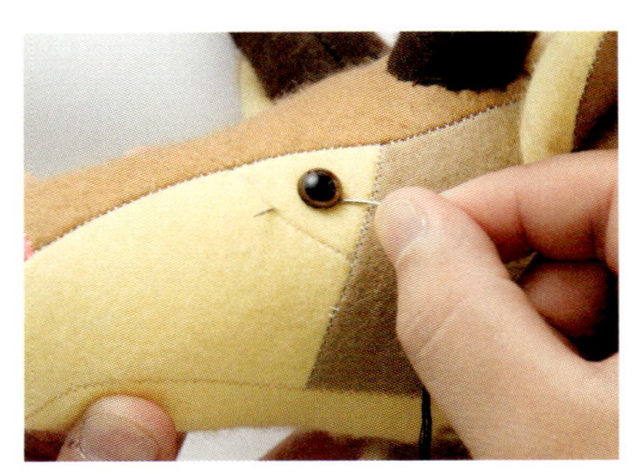

2 目の下から針を入れ、目がしらから出します。

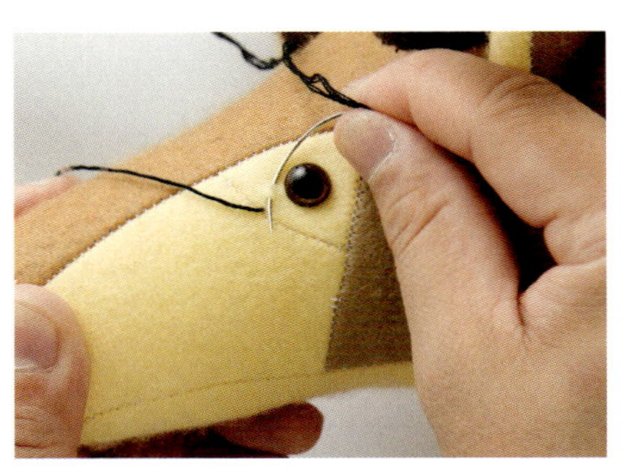

3 右に一針分の場所に針を入れ、半分戻って出します。

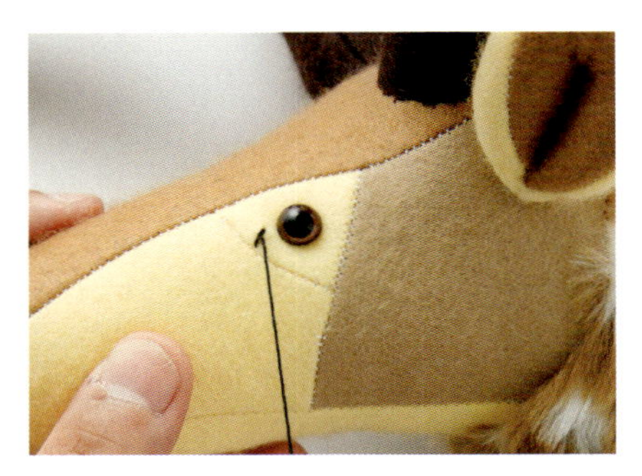

4 アウトラインステッチが刺せました。

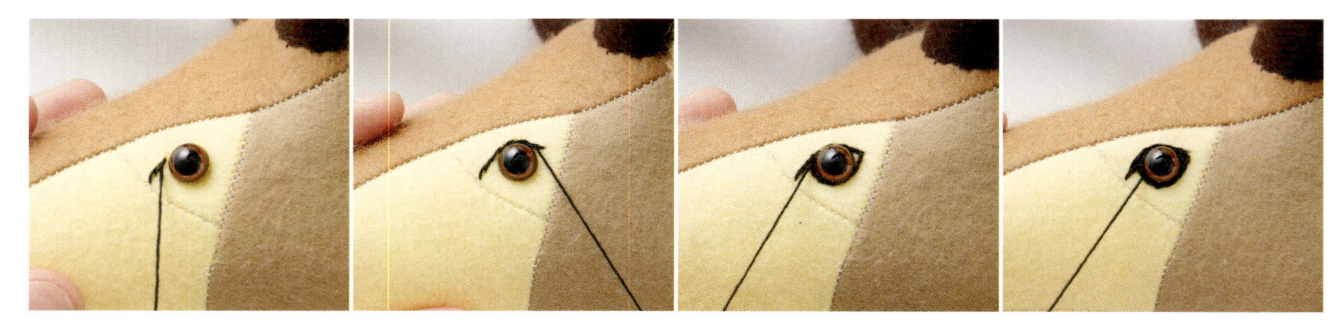

5 **3**を繰り返し、目に沿ってアウトラインステッチでぐるりと3周囲みます。しずく型になるよう、目尻を少しとがらせます。

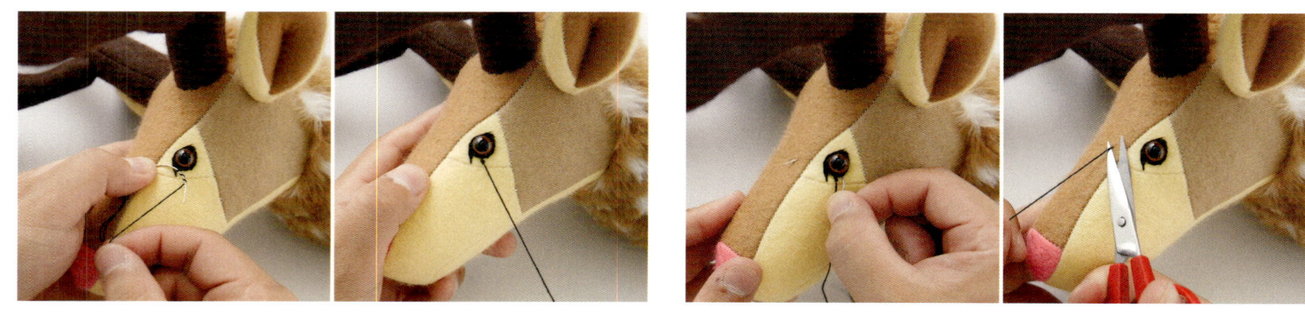

6 刺し終わりは目の下部分（表に出ないところ）で玉止めをします。目の脇に針をそえて糸を3回巻き、糸を引き抜いて玉止めをします。

7 アイラインの下に針を入れ、できるだけ遠く（写真では鼻筋）から針を出し、針をひいて糸を切ります。玉止めがアイラインの下に隠れました。

8 **1**~**4**と同様の手順で、ラメの刺繍糸でアイラインの上にアウトラインステッチを刺します。アイラインが完成しました。

14 全体を整える

1 角や耳の角度を整え、ペットブラシでフェイクファーの毛並みも整えます。

完成！

トナカイが完成しました。

手縫いの場合

1~6の工程（p.42~44参照）は手縫いで行うこともできます。
縫い方はp.52を参照してください。

3 本体を縫う（顔）

→p.41「2 フェルトとファーを裁つ」の終了後、この工程からスタートします。

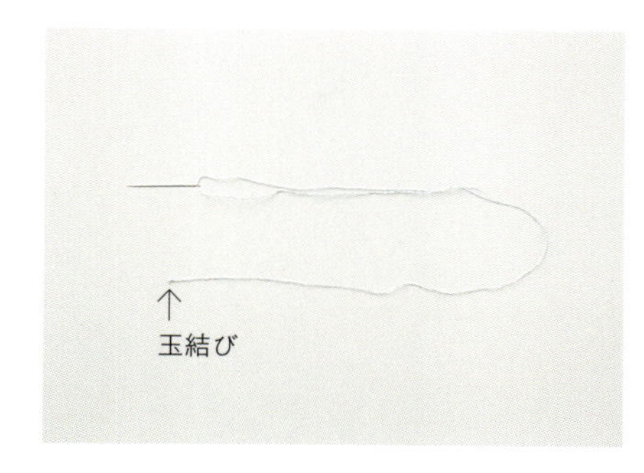

1 刺繍糸を約50cmにカットして３本引き抜き、針に３本どりで糸を通し、玉結びをします。

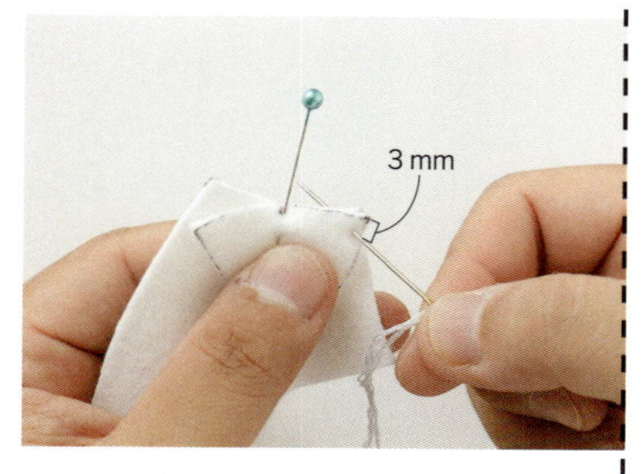

2 左右の目と側面（前）の合印を合わせます。手前のフェルトの布端から３mm内側に針を刺し、反対側から引き抜きます。

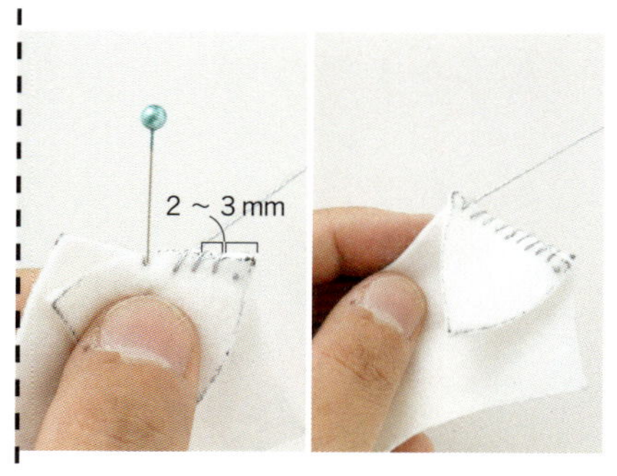

3 ２～３mm間隔の針目で縫い進め、巻きかがり縫い（p.52参照）で端まで縫います。

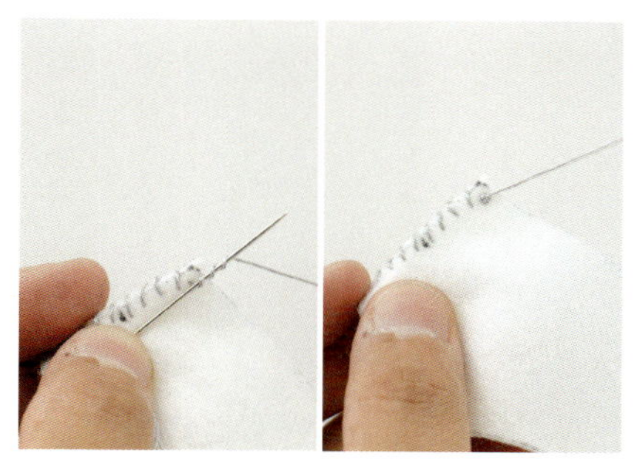

4 縫い終わりは玉止めをします。

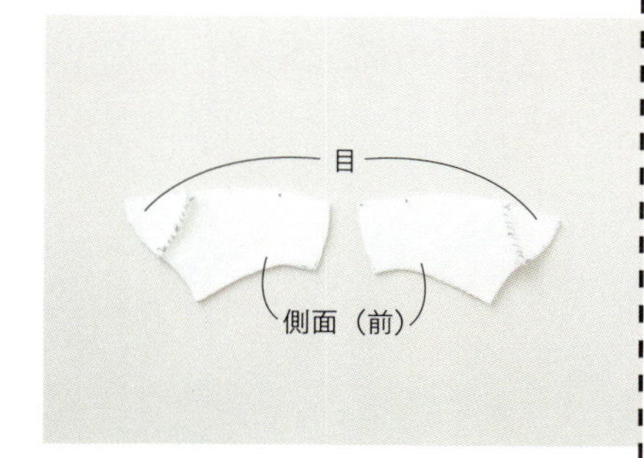

5 目と側面（前）が縫えました。巻きかがり縫いをすると、わたを詰めた後に縫い目が際立ち味が出ます。

＊顔のパーツは、すべて1~4と同様の手順で行います。
＊顔・首・耳・角のパーツの縫い方は、すべて巻きかがり縫いです。

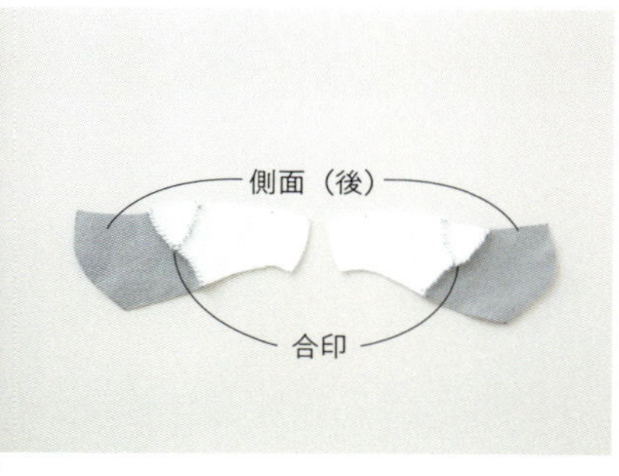

6 5と左右の側面（後）の合印を合わせてまち針で仮止めし、縫い合わせます。

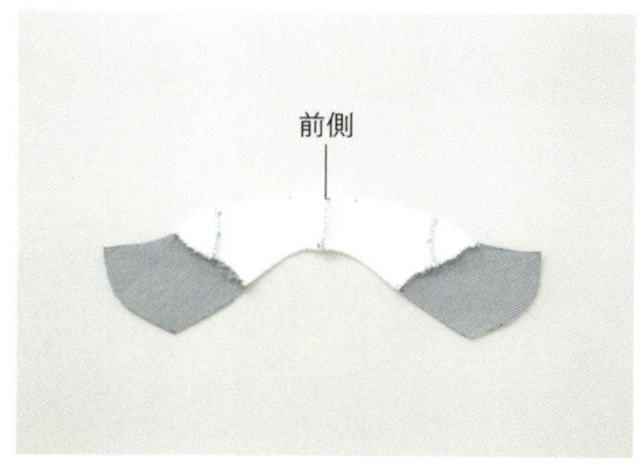

7 6の前側同士をまち針で仮止めし、縫い合わせます。

8 鼻の中央の切れ込み部分を合わせてまち針で仮止めし、縫い合わせます。

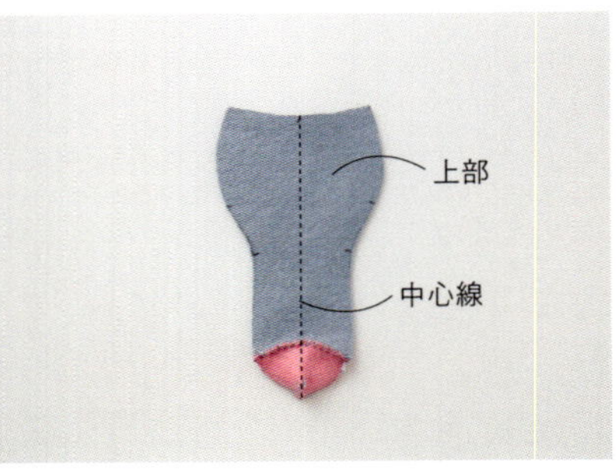

9 8と上部の中心線を合わせてまち針で仮止めし、縫い合わせます。

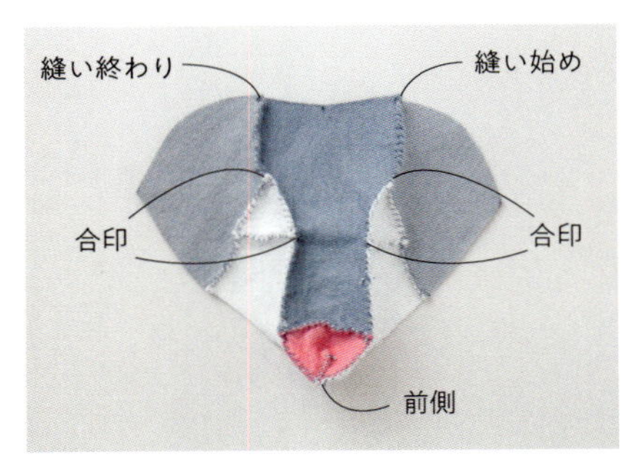

10 7の前側と9の中心、合印、縫い始め、縫い終わりを中表に合わせてまち針で仮止めし、縫い合わせます。

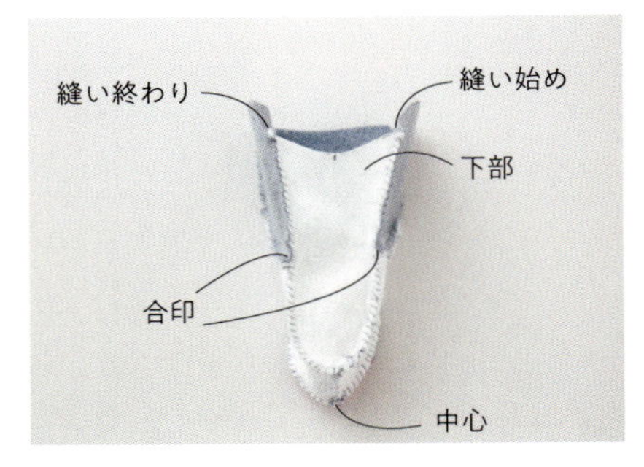

11 10をひっくり返し、10の前側と下部（あご）の中心、合印、縫い始め、縫い終わりを中表に合わせてまち針で仮止めし、縫い合わせます。本体（顔）ができました。

4 本体を縫う（首）

1 首（フェイクファー）の中心、縫い始め、縫い終わりを中表に合わせてまち針で仮止めし、縫い合わせます。ファーの毛は指で中に入れ込みながらまち針で止めます。

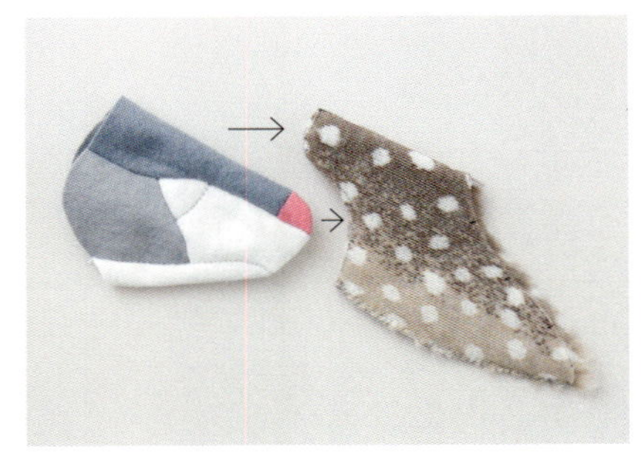

2 3-11を表に返して1の中に入れます。

3 2のわ中心の上下、左右の合印をまち針で仮止めし、ぐるりと一周縫い合わせます。

4 3の顔部分を裏に返します。

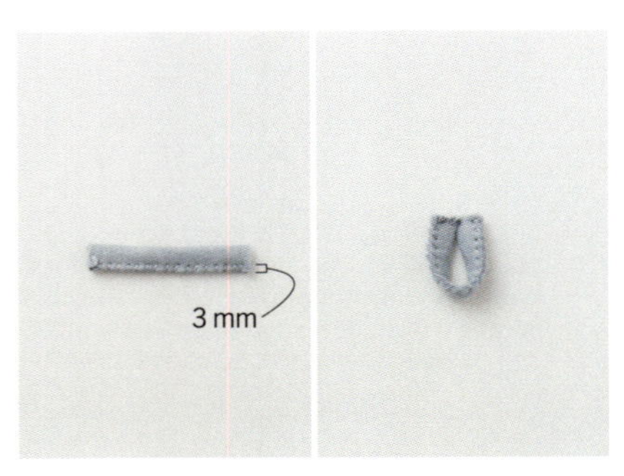

5 ループを縫います。パーツを中心で折り畳み、布端から3mm内側を縫い合わせます。さらに曲げてわを作り、上部分を縫い合わせます。

6 5をふたの上部（返し口の反対側）に縫い合わせます。

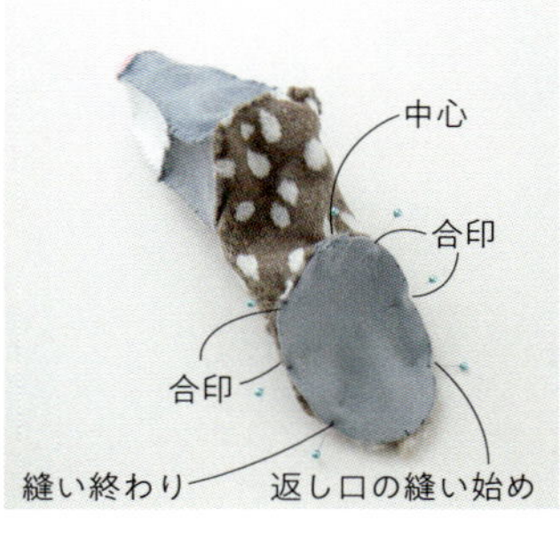

7 6を中表にして4の開口部に重ね合わせ、中心、合印、返し口の縫い始めと縫い終わりをまち針で仮止めし、返し口を残して縫い合わせます。

8 7を返し口から表に返します。本体が完成しました。

5 耳を縫う

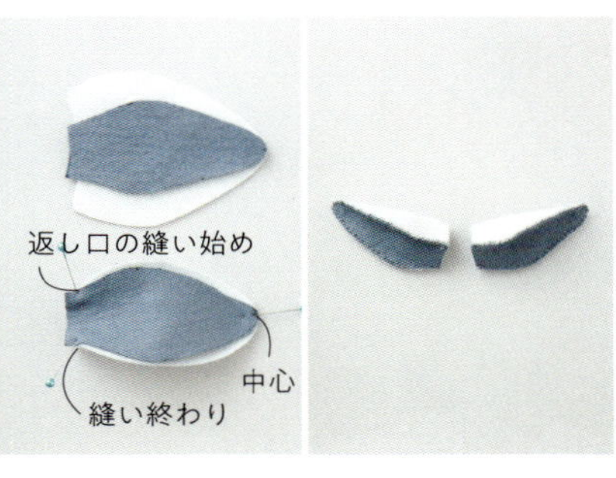

1 耳の外側と内側を1枚ずつ合わせ、中心、返し口の縫い始めと縫い終わりをまち針で仮止めし、返し口を残して縫い合わせます。

2 箸を使って返し口から表に返し、先端がとがるように形を整えます。

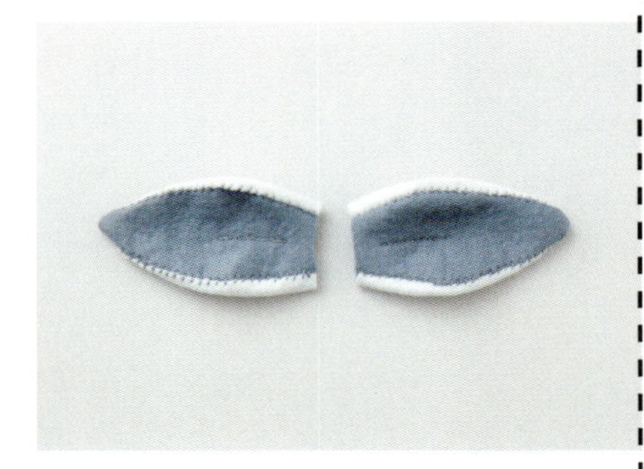

3 2の指定の位置（p.73型紙「耳」の-------部分）にステッチを入れます。耳が完成しました。

6 角を縫う

1 大小の角の右角と左角をそれぞれ1枚ずつ合わせ、角の先端部分、返し口の縫い始めと縫い終わりをまち針で仮止めし、返し口を残して縫い合わせます。

2 芯を抜いたボールペンを返し口から入れ、角先に通します。ペンの穴に箸の先端をあてて返し口へ押し出して表に返し、角の先端がとがるように形を整えます。すべての角を表に返します。角が完成しました。

手縫いの工程はここまで。

→続けて、p.44「7 わたを詰める」に進みます。

手縫いの縫い方

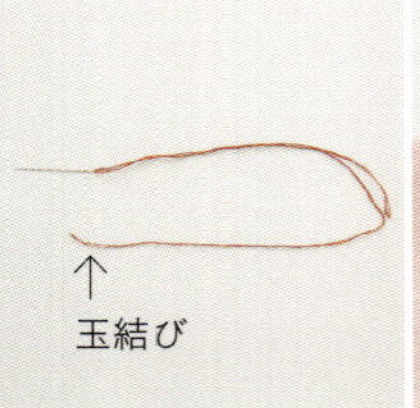

縫い始め

針に3本どりで糸を通し、玉結びをします。2枚のフェルトを中表に合わせて持ち、手前から針を入れて反対側に引き抜いて縫い始めます。

玉止め

縫い終わり

縫い終わりの糸が出ているフェルトに針をあて、しっかりと押さえながら糸を2～3回巻きます。巻いた部分を親指で押さえたまま針を引き抜くと玉止めができます。余分な糸をカットします。

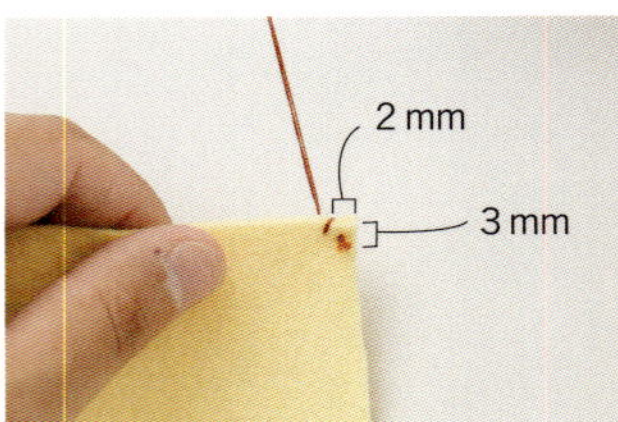

巻きかがり縫い

縫い始めから横に2mm、フェルトの布端から3mmのところに手前から針を入れ、反対側に引き抜きます。2～3mm間隔の針目で縫い進めていきます。

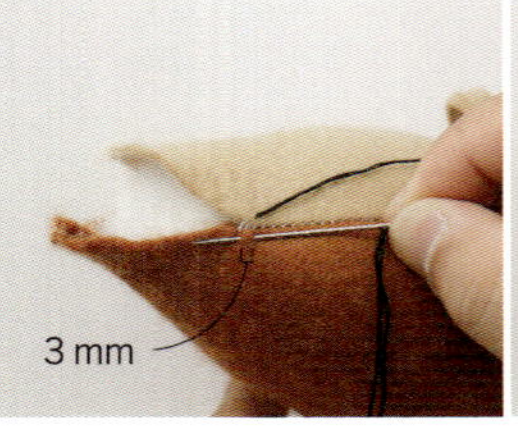

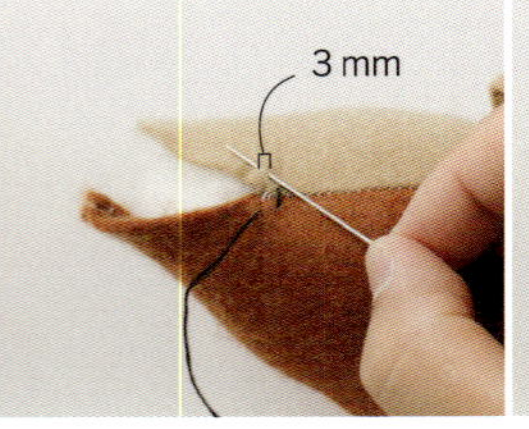

コの字綴じ
(ラダーステッチ)

縫い始めは、布の内側から外側に針を出して玉結びを隠します。針を出した反対側の同じ高さに針を入れ、縫い口と平行に3mmほどすくいます。同様に、反対側の同じ高さに針を入れ3mmほどすくいます。5針ほど進めたら糸を引いて閉じます。

並縫い
(ぐし縫い)

裏も表も同じ針目で、2～3mmの等間隔にまっすぐ縫います。何針か縫い進めたら針を抜き、布がよれないよう縫った部分をしごいて糸こきをします。

REINDEER トナカイ

→ 型紙p.73

グレー（手縫い）

→ 作品p.11

サイズ（概寸）縦41cm×横30cm×奥行き18cm
＊型紙拡大コピー（163%）

材料
【角】 フェルト ジャンボ400　225 ■…1枚
【顔・耳・鼻・ループ・ふた】 フェルト ミニー200
770 ■…1枚、771 ■…1枚、701 □…1枚、126 ■…1枚
【首】 アニマルボア（バンビファー・キャメル）
9470-2600　25×25cm…1枚
【目】 プラスチックアイ（ブルー・9mm）…2個
【中身】 手芸わた…約200g
【縫い付け糸】 DMC25番刺繍糸
本体：415…2束、角：400…1束
【アイライン】 DMC25番刺繍糸
目の周り：310…1束、目の上：E317…1束

ベージュ

→ 作品p.11

サイズ（概寸）縦60cm×横50cm×奥行き27cm
＊型紙拡大コピー（220%）

材料
【角】 フェルト ジャンボ400　MB ■…3枚
【顔・耳・鼻・ループ・ふた】 フェルト ミニー200
227 ■…2枚、235 ■…2枚、771 ■…2枚、126 ■…1枚
【首】 ブライトファー（ロング・ベージュ）
5310-400　35×35cm…1枚
【目】 プラスチックアイ（ライトブラウン・15mm）…2個
【中身】 手芸わた…約450g
【縫い付け糸】 DMC25番刺繍糸　415…1束
【アイライン】 DMC25番刺繍糸
目の周り：310…1束、目の上：E3821…1束
【ミシン糸】 シャッペスパン#60　171…1個

＊共に作り方はp.41～参照
＊目、耳、角の付け位置はp.40参照

ARGALI アルガリ

→ 型紙p.76

正面　横　目、耳、角の付け位置

パープル

→ 作品p.12

サイズ（概寸）縦20cm×横28cm×奥行き24cm
＊型紙拡大コピー（163%）

材料
【角】 フェルト ジャンボ400
102 ■…1枚
【顔・耳・鼻・ループ・ふた】
フェルト ミニー200
663 ■…1枚、583 ■…1枚、
552 ■…1枚、770 ■…1枚
【首】 ソフトファー（アオ）
7417-360　15×30cm…1枚
【目】 プラスチックアイ
（ダークブラウン・9mm）…2個
【中身】 手芸わた…約200g
【縫い付け糸】 DMC25番刺繍糸
本体：996…1束、角：209…1束
【アイライン】 DMC25番刺繍糸
3837…1束
【ミシン糸】 シャッペスパン＃60
171…1個

ブラウン

→ 作品p.13

サイズ（概寸）縦20cm×横28cm×奥行き24cm
＊型紙拡大コピー（163%）

材料
【角】 フェルト ジャンボ400
442 ■…1枚
【顔・耳・鼻・ループ・ふた】
フェルト ミニー200
336 ■…1枚、227 ■…1枚、
235 ■…1枚、225 ■…1枚
【首】 ソフトファー（クロ）
7417-10　15×30cm…1枚
【目】 プラスチックアイ
（ダークブラウン・9mm）…2個
【中身】 手芸わた…約200g
【縫い付け糸】 DMC25番刺繍糸
本体：3772…1束、角：907…1束
【アイライン】 DMC25番刺繍糸
907…1束
【ミシン糸】 シャッペスパン＃60
171…1個

グリーン

→ 作品p.28

サイズ（概寸）縦14cm×横20cm×奥行き12cm
＊型紙拡大コピー（114%）

材料
【角】 フェルト ジャンボ400
225 ■…1枚
【顔・耳・鼻・ループ・ふた】
フェルト ミニー200
450 ■…1枚、336 ■…1枚、
235 ■…1枚、110 ■…1枚
【首】 ソフトファー（グレー）
7417-30　10×22cm…1枚
【目】 プラスチックアイ
（ブラック・8mm）…2個
【中身】 手芸わた…約100g
【縫い付け糸】 DMC25番刺繍糸
3772…1束
【アイライン】 DMC25番刺繍糸
433…1束
【ミシン糸】 シャッペスパン＃60
171…1個

作り方

1 型紙を用意する → p.41参照

巻末の型紙を拡大コピーして型紙をカットし、各パーツの型紙を作ります。

2 フェルトとファーを裁つ → p.41参照

指定のフェルトとファーに型紙を写して裁ちます。

3 本体を縫う（顔） → p.42、下記参照

①左右の目と側面（前）を縫い合わせます。
②❶と左右の側面（後）を縫い合わせます。
③❷の前側同士を縫い合わせます。
④鼻の中央の切れ込み部分を縫い合わせます。
⑤❹と上部を縫い合わせます。
⑥❸と❺を中表に合わせて縫い合わせます。
⑦❻と下部（あご）を中表に合わせて縫い合わせます。

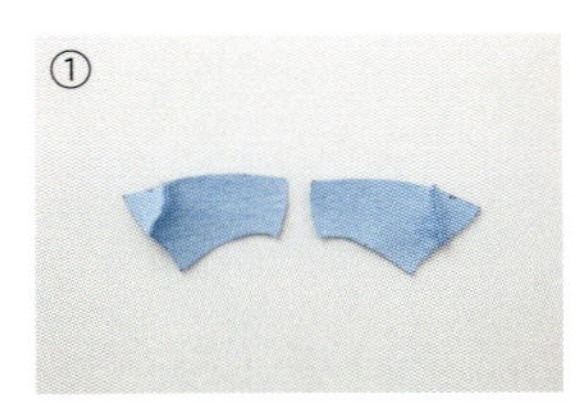

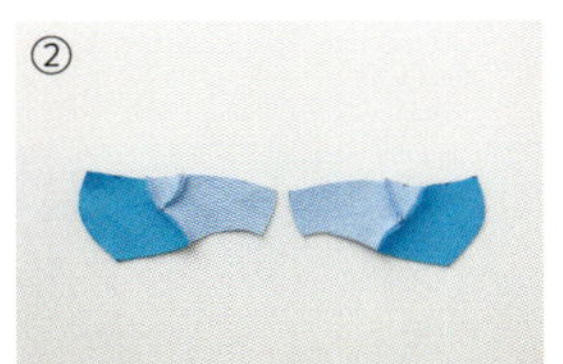

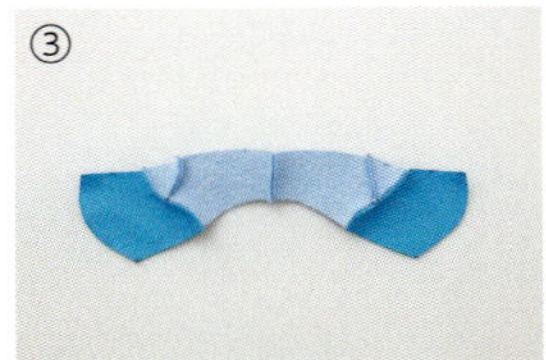

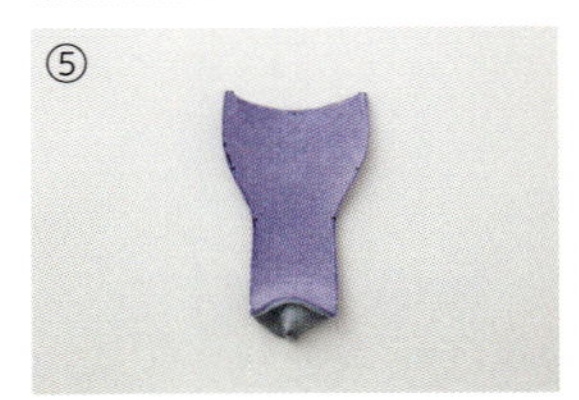

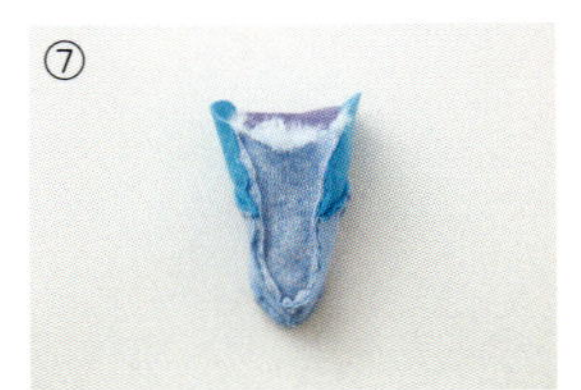

4 本体を縫う（首） → p.43参照

フェイクファーを中表に合わせて縫い合わせ、表に返した3-⑦を中に入れて一周縫い合わせ、顔部分を裏に返します。わにしたループを付けたふたを縫い合わせます。

5 耳を縫う → p.44参照

耳の外側と内側を返し口を残して縫い合わせ、箸で返し口から表に返し、指定の位置にステッチを入れます。

6 角を縫う → p.44参照

角のフェルトを返し口を残して縫い合わせ、芯を抜いたボールペンと箸で返し口から表に返します。

7 わたを詰める → p.44、下記参照

角の先は箸を使ってわたを少しずつ詰めていきます。しっかり詰めると角の先がきれいにカーブします。

8 返し口を縫う → p.45参照

本体は返し口をコの字綴じで縫い合わせ、耳は返し口を内側に少し折って立体的になるよう縫い絞り、角は返し口を一周並縫いして引き絞ります。

9 目を付ける → p.45参照

指定の位置に目打ちで穴をあけ、目を付けます。

10 角を付ける → p.46参照

本体の指定の位置に直径約2.5cm（グリーンは1.7cm）の＋印を付けて切り込みを入れ、8の角を約2cm差し込み、差し込み口と角の接地部分をコの字綴じで縫い合わせます。

11 耳を付ける → p.47参照

本体の指定の位置にぐるりと一周、コの字綴じで縫い合わせます。

12 アイラインを入れる → p.47参照

指定の刺繍糸で目にそってアウトラインステッチで3周囲みます。

13 全体を整える → p.48参照

角や耳の角度を整え、ペットブラシでフェイクファーの毛並みも整えます。

DEER シカ

→ 型紙p.78

正面

横

目、耳、角の付け位置

ブラウン

→ 作品p.16

サイズ（概寸）縦23cm×横13cm×奥行き14cm

材料

【角・首・顔・耳】 フェルト ジャンボ 400
701 □…1枚、225 ■…1枚
【顔・耳・鼻・ループ・ふた】
フェルト ミニー 200
235 ■…1枚、331 ■…1枚、
770 ■…1枚
【目】 プラスチックアイ
（ライトブラウン・9mm）…2個
【中身】 手芸わた…約200g
【縫い付け糸】 DMC25番刺繍糸
本体：400…1束、角：b5200…1束
【アイライン】 DMC25番刺繍糸 310…1束
【ミシン糸】 シャッペスパン＃60
本体：171…1個、角：401…1個

ピンク

→ 作品p.17

サイズ（概寸）縦23cm×横13cm×奥行き14cm

材料

【角・首・顔・耳】 フェルト ジャンボ 400
552 ■…1枚、102 ■…1枚
【顔・耳・鼻・ループ・ふた】
フェルト ミニー 200
110 ■…1枚、126 ■…1枚、235 ■…1枚
【目】 プラスチックアイ
（ブルー・9mm）…2個
【中身】 手芸わた…約200g
【縫い付け糸】 DMC25番刺繍糸 963…1束
【アイライン】 DMC25番刺繍糸 310…1束
【ミシン糸】 シャッペスパン＃60
401…1個

＊シカ（ファー・p.17）は、首のフェルトをフェイクファー（バンビファー・ブラウン／15×25cm）に変更

作り方

1 型紙を用意する → p.41参照

巻末の型紙を拡大コピー（163%）して型紙をカットし、各パーツの型紙を作ります。

2 フェルトを裁つ → p.41参照

指定のフェルトに型紙を写して裁ちます。

3 本体を縫う（顔） → p.42、下記参照

①左右の目と側面（前）を縫い合わせます。
②❶と左右の側面（後）を縫い合わせます。
③❷の前側同士を縫い合わせます。
④鼻の中央の切れ込み部分を縫い合わせます。
⑤❹と上部を縫い合わせます。
⑥❸と❺を中表に合わせて縫い合わせます。
⑦❻と下部（あご）を中表に合わせて縫い合わせます。

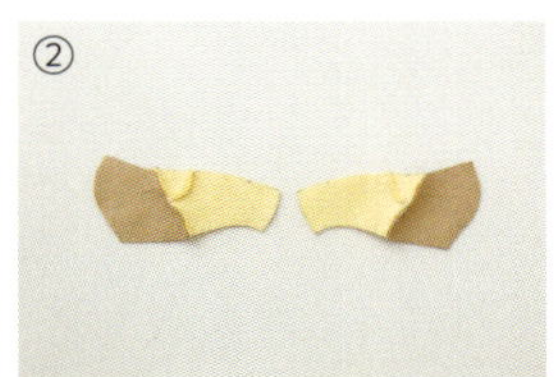

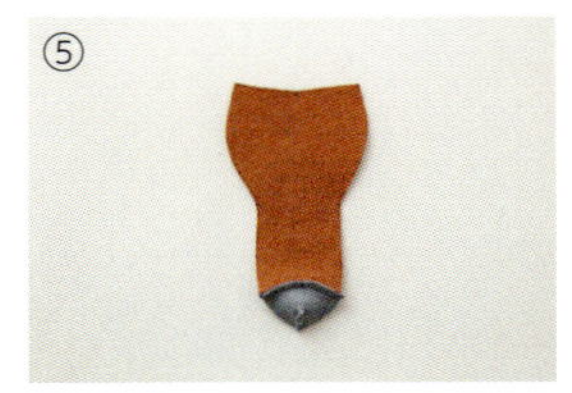

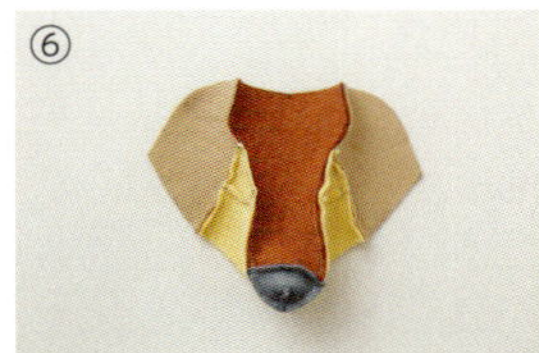

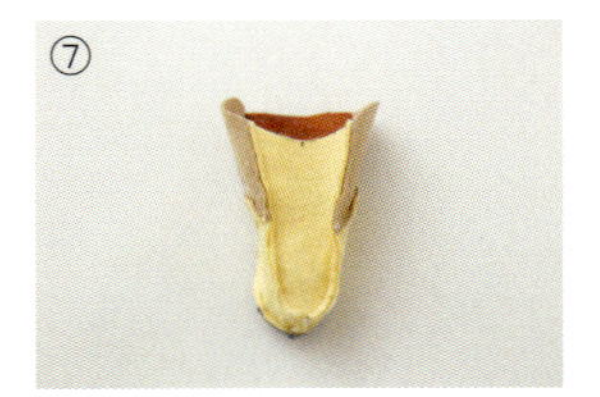

4 本体を縫う（首） → p.43参照

首を中表に合わせて縫い合わせ、表に返した**3**-⑦を中に入れて一周縫い合わせ、顔部分を裏に返します。わにしたループを付けたふたを縫い合わせます。

5 耳を縫う → p.44参照

耳の外側と内側を返し口を残して縫い合わせ、箸で返し口から表に返し、指定の位置にステッチを入れます。

6 角を縫う → p.44参照

角のフェルトを返し口を残して縫い合わせ、芯を抜いたボールペンと箸で返し口から表に返します。

7 わたを詰める → p.44参照

全体がかたくなり、返し口からはみ出るくらいまでわたを詰めていきます。

8 返し口を縫う → p.45参照

本体は返し口をコの字綴じで縫い合わせ、耳は返し口を内側に少し折って立体的になるよう縫い絞り、角は返し口を一周並縫いして引き絞ります。

9 目を付ける → p.45参照

指定の位置に目打ちで穴をあけ、目を付けます。

10 角を付ける（大） → p.46参照

本体の指定の位置に直径約２cmの＋印を付けて切り込みを入れ、**8**の角（大）を約２cm差し込み、差し込み口と角の接地部分をコの字綴じで縫い合わせます。

11 耳を付ける → p.47参照

本体の指定の位置にぐるりと一周、コの字綴じで縫い合わせます。

12 角を付ける（小） → p.47参照

8の角（小）を、**10**の角（大）の前側にコの字綴じで縫い合わせます。

13 アイラインを入れる → p.47参照

指定の刺繍糸で目にそってアウトラインステッチで３周囲みます。

14 全体を整える → p.48参照

角や耳の角度を整えます。

UNICORN ユニコーン

→ 型紙p.80

正面

横

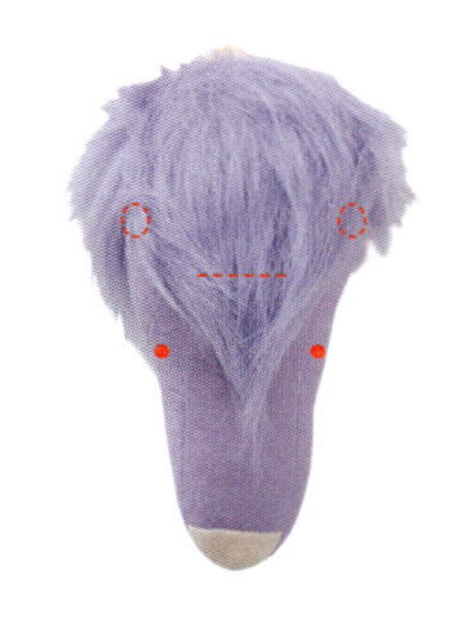

目、耳、角の付け位置

パープル

→ 作品p.18

サイズ(概寸)縦33cm×横14cm×奥行き19cm
*型紙拡大コピー(163%)

材料
【角】フェルト ジャンボ400
110 …1枚
【顔・耳・鼻・ループ・ふた】
フェルト ミニー200
680 …2枚、126 …1枚、
301 …1枚
【首】ロングファー（ラベンダー）
1051-250 20×25cm…1枚
【目】プラスチックアイ
（ブルー・9mm）…2個
【中身】手芸わた…約150g
【縫い付け糸】DMC25番刺繍糸
209…1束
【アイライン】DMC25番刺繍糸
目の周り：310…1束
目の上：E316…1束
【ミシン糸】シャッペスパン＃60
171…1個

ホワイト

→ 作品p.19

サイズ(概寸)縦33cm×横14cm×奥行き19cm
*型紙拡大コピー(163%)

材料
【角】フェルト ジャンボ400
552 …1枚
【顔・耳・鼻・ループ・ふた】
フェルト ミニー200
701 …2枚、790 …1枚、
770 …1枚
【首】ロングファー（ホワイト）
1051-1 20×25cm…1枚
【目】プラスチックアイ
（ブルー・9mm）…2個
【中身】手芸わた…約150g
【縫い付け糸】DMC25番刺繍糸
b5200…1束
【アイライン】DMC25番刺繍糸
目の周り：414…1束
目の上：E3843…1束
【ミシン糸】シャッペスパン＃60
401…1個

ピンク

→ 作品p.28

サイズ(概寸)縦17cm×横10cm×奥行き11cm
*型紙拡大コピー(100%)

材料
【角・顔・耳・鼻・ループ・ふた】
フェルト ミニー200
110 …1枚、336 …1枚、
770 …1枚、680 …1枚
【首】ソフトファー（ピンク）
7417-230 12×15cm…1枚
【目】プラスチックアイ
（ブラック・6mm）…2個
【中身】手芸わた…約50g
【縫い付け糸】DMC25番刺繍糸
963…1束
【アイライン】DMC25番刺繍糸
目の周り：414…1束
目の上：E316…1束
【ミシン糸】シャッペスパン＃60
401…1個

作り方

1 型紙を用意する → p.41参照

巻末の型紙を拡大コピーして型紙をカットし、各パーツの型紙を作ります。

2 フェルトとファーを裁つ → p.41参照

指定のフェルトとファーに型紙を写して裁ちます。

3 本体を縫う（顔） → p.42、下記参照

①左右の目と側面（前）を縫い合わせます。
②❶と左右の側面（後）を縫い合わせます。
③❷の前側同士を縫い合わせます。
④鼻の中央の切れ込み部分を縫い合わせます。
⑤❹と上部を縫い合わせます。
⑥❸と❺を中表に合わせて縫い合わせます。
⑦❻と下部（あご）を中表に合わせて縫い合わせます。

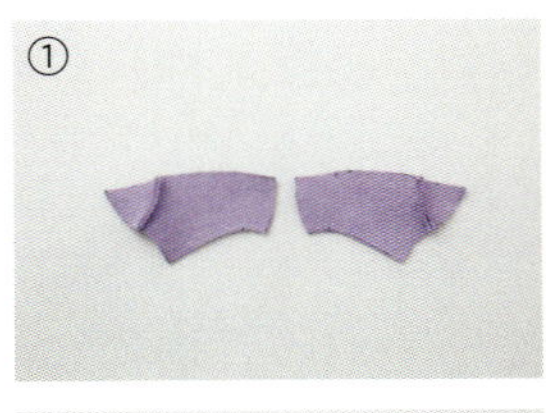
①

②

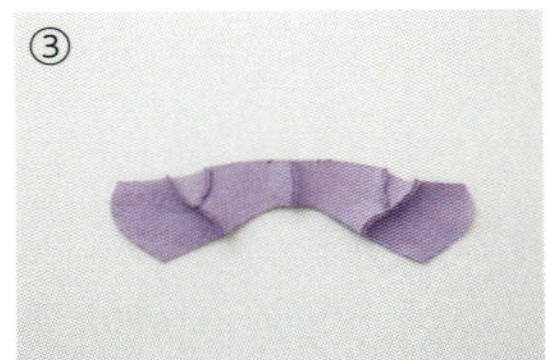
③

④

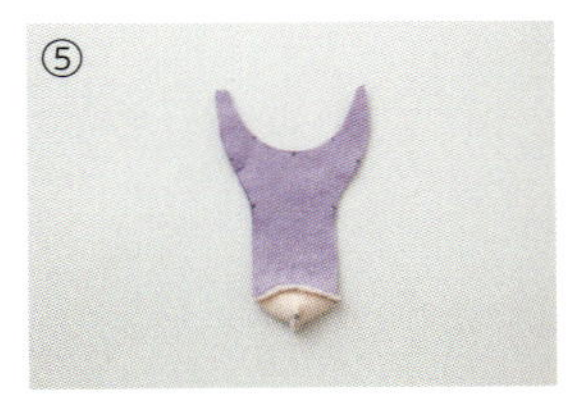
⑤

⑥

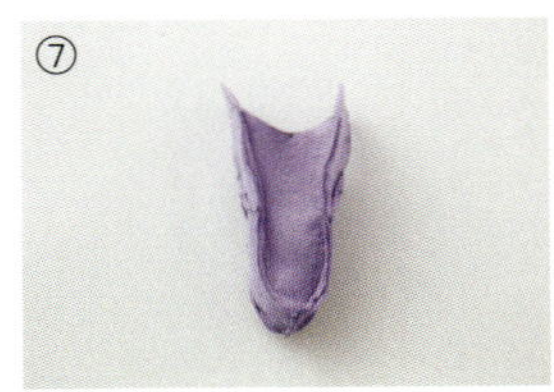
⑦

4 本体を縫う（首） → p.43参照

フェイクファーを中表に合わせて縫い合わせ、表に返した3-⑦を中に入れて一周縫い合わせ、顔部分を裏に返します。わにしたループを付けたふたを縫い合わせます。

5 耳を縫う → p.44参照

耳の外側と内側を返し口を残して縫い合わせ、箸で返し口から表に返し、指定の位置にステッチを入れます。

6 角を縫う → p.44、下記参照

①角のフェルトを返し口を残して縫い合わせます。
②芯を抜いたボールペンと箸を使い、先端がとがるように返し口から表に返します。

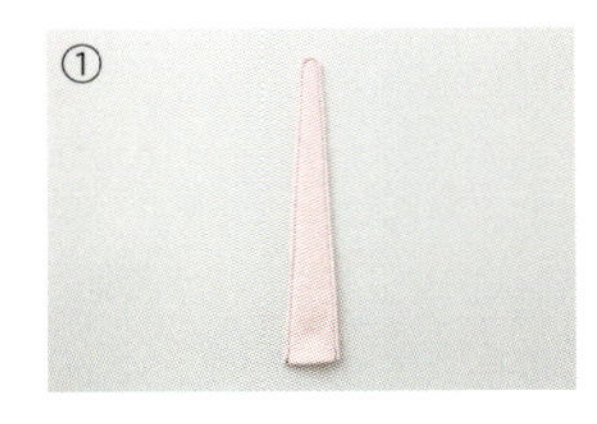
①

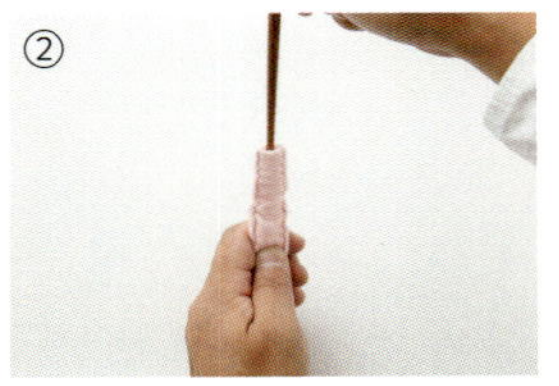
②

7 わたを詰める → p.44参照

全体がかたくなり、返し口からはみ出るくらいまでわたを詰めていきます。

8 返し口を縫う → p.45参照

本体は返し口をコの字綴じで縫い合わせ、耳は返し口を内側に少し折って立体的になるよう縫い絞り、角は返し口を一周並縫いして引き絞ります。

9 目を付ける → p.45参照

指定の位置に目打ちで穴をあけ、目を付けます。

10 角を付ける → p.46、下記参照

①本体のたてがみのファーをかき分け、基布（メッシュ部分）の指定の位置に油性マーカーで長さ約1.5cm（ピンクは1cm）の印を付けます。
②ファーを切らないように、はさみで❶に切り込みを入れます。8の角を約2cm差し込み、差し込み口と角の接地部分をコの字綴じで縫い合わせます。

①

②

11 耳を付ける → p.47参照

本体の指定の位置にぐるりと一周、コの字綴じで縫い合わせます。

12 アイラインを入れる → p.47参照

指定の刺繍糸で、目にそってアウトラインステッチで3周囲みます。同様の手順で、ラメの刺繍糸でアイラインの上にアウトラインステッチを刺します。

13 全体を整える → p.48参照

角や耳の角度を整え、ペットブラシでフェイクファーの毛並みも整えます。

SHEEP ヒツジ

→ 型紙p.82

正面

横

目、耳、角の付け位置

ホワイト

→ 作品p.22

サイズ（概寸）縦17cm×横23cm×奥行き18cm

材料

【角】 フェルト ジャンボ400
331 …1枚
【顔・耳・鼻・ループ・ふた】
フェルト ミニー200
701 …2枚、336 …1枚、
225 …1枚
【首】 シープボア（アイボリー）
4000-425　22×25cm…1枚
【目】 プラスチックアイ
（ライトブラウン・12mm）…2個
【中身】 手芸わた…約150g
【縫い付け糸】 DMC25番刺繍糸
b5200…1束
【アイライン】 DMC25番刺繍糸
400…1束
【ミシン糸】 シャッペスパン＃60
401…1個

グレー

→ 作品p.23

サイズ（概寸）縦17cm×横23cm×奥行き18cm

材料

【角】 フェルト ジャンボ400
301 …1枚
【顔・耳・鼻・ループ・ふた】 フェルト
ミニー200
235 …2枚、225 …1枚、
336 …1枚
【首】 シープボア（グレー）
22×25cm…1枚
【目】 プラスチックアイ
（ブルー・12mm）…2個
【手芸わた】 手芸わた…約150g
【縫い付け糸】 DMC25番刺繍糸
3772…1束
【アイライン】 DMC25番刺繍糸
310…1束
【ミシン糸】 シャッペスパン＃60
171…1個

作り方

1 型紙を用意する → p.41参照

巻末の型紙を拡大コピー（163%）して型紙をカットし、各パーツの型紙を作ります。

2 フェルトとボアを裁つ → p.41参照

指定のフェルトとボアに型紙を写して裁ちます。

3 本体を縫う（顔） → p.42、下記参照

①左右の目と側面（前）を縫い合わせます。
②❶と左右の側面（後）を縫い合わせます。
③❷の前側同士を縫い合わせます。
④鼻の中央の切れ込み部分を縫い合わせます。
⑤❹と上部を縫い合わせます。
⑥下部（のど）と下部（あご）を縫い合わせます。
⑦❸と❺を中表に合わせて縫い合わせます。
⑧❻と❼を中表に合わせて縫い合わせます。

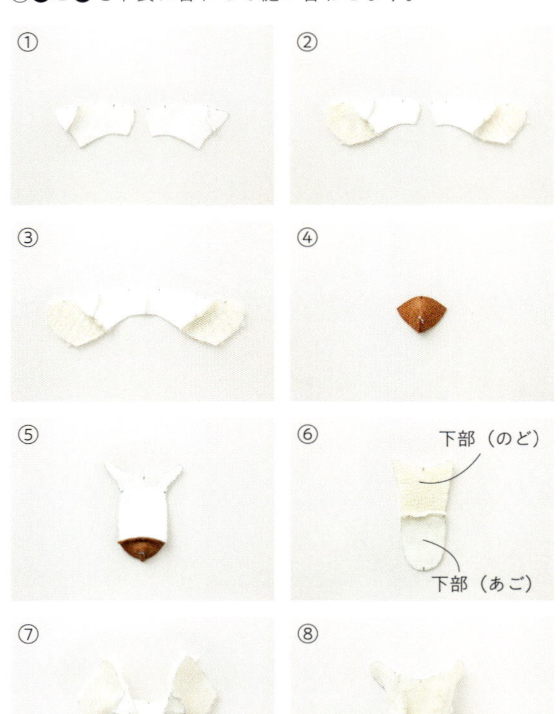

4 本体を縫う（首） → p.43参照

ボアを中表に合わせて縫い合わせ、表に返した3-⑧を中に入れて一周縫い合わせ、顔部分を裏に返します。わにしたループを付けたふたを縫い合わせます。

5 耳を縫う → p.44参照

耳の外側と内側を返し口を残して縫い合わせ、箸で返し口から表に返し、指定の位置にステッチを入れます。

6 角を縫う → p.44参照

角のフェルトを返し口を残して縫い合わせ、芯を抜いたボールペンと箸で返し口から表に返します。

7 わたを詰める → p.44、下記参照

角の先はわたを少しずつ詰めていきます。しっかり詰めると角の先がきれいにカーブします。

8 返し口を縫う → p.45参照

本体は返し口をコの字綴じで縫い合わせ、耳は返し口を内側に少し折って立体的になるよう縫い絞り、角は返し口を一周並縫いして引き絞ります。

9 目を付ける → p.45参照

指定の位置に目打ちで穴をあけ、目を付けます。

10 角を付ける → p.46、下記参照

①本体のボアをかき分け、指定の位置に油性マーカーで長さ約2cmの印を付け、はさみで切り込みを入れます。
②切り込みに親指を入れて空間を作り、8の角を約2cm差し込み、差し込み口と角の接地部分をコの字綴じで縫い合わせます。

11 耳を付ける → p.47参照

本体の指定の位置にぐるりと一周、コの字綴じで縫い合わせます。

12 アイラインを入れる → p.47参照

指定の刺繍糸で目にそってアウトラインステッチで3周囲みます。

13 全体を整える → p.48参照

角や耳の角度を整えます。

GOAT ヤギ

→ 型紙p.84

正面

横

目、耳、角の付け位置

ホワイト → 作品p.24

サイズ（概寸）縦20cm×横26cm×奥行き19cm

材料

【角・顔・首・耳・ループ・ふた】 フェルト ジャンボ400
235 ■… 1 枚、701 □… 1 枚
【耳・鼻】 フェルト ミニー200　301 ■… 1 枚
【ヒゲ】 ロングファー（ホワイト）
1051-1　12×8 cm… 1 枚
【目】 プラスチックアイ（イエロー・9 mm）… 2 個
【中身】 手芸わた…約 150g
【縫い付け糸】 DMC25番刺繍糸　b5200… 1 束
【アイライン】 DMC25番刺繍糸　433… 1 束
【ミシン糸】 シャッペスパン＃ 60　401… 1 個

グレー → 作品p.25

サイズ（概寸）縦20cm×横26cm×奥行き19cm

材料

【角・顔・首・耳・ループ・ふた】 フェルト ジャンボ400
MB ■… 1 枚、790 ■… 1 枚
【耳・鼻】 フェルト ミニー200　227 ■… 1 枚
【ヒゲ】 ロングファー（ホワイト）
1051-1　12×8 cm… 1 枚
【目】 プラスチックアイ（イエロー・9 mm）… 2 個
【中身】 手芸わた…約 150g
【縫い付け糸】 DMC25番刺繍糸　414… 1 束
【アイライン】 DMC25番刺繍糸　310… 1 束
【ミシン糸】 シャッペスパン＃ 60　171… 1 個

作り方

1 型紙を用意する → p.41参照

巻末の型紙を拡大コピー（163%）して型紙をカットし、各パーツの型紙を作ります。

2 フェルトとファーを裁つ → p.41参照

指定のフェルトとファーに型紙を写して裁ちます。

3 本体を縫う（顔） → p.42、下記参照

①左右の目と側面（前）を縫い合わせます。
②❶と左右の側面（後）を縫い合わせます。
③❷の前側同士を縫い合わせます。
④鼻の中央の切れ込み部分を縫い合わせます。
⑤❹と上部を縫い合わせます。
⑥下部（あご）と下部（のど）を縫い合わせます。
⑦❸と❺を中表に合わせて縫い合わせます。
⑧❻と❼を中表に合わせて縫い合わせます。

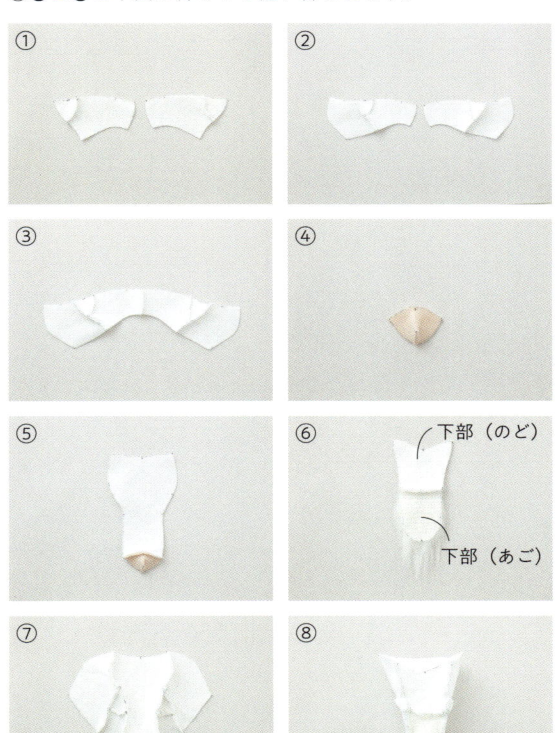

4 本体を縫う（首） → p.43参照

首を中表に合わせて縫い合わせ、表に返した3-⑧を中に入れて一周縫い合わせ、顔部分を裏に返します。わにしたループを付けたふたを縫い合わせます。

5 耳を縫う → p.44参照

耳の外側と内側を返し口を残して縫い合わせ、箸で返し口から表に返し、指定の位置にステッチを入れます。

6 角を縫う → p.44参照

角のフェルトを返し口を残して縫い合わせ、芯を抜いたボールペンと箸で返し口から表に返します。

7 わたを詰める → p.44参照

全体がかたくなり、返し口からはみ出るくらいまでわたを詰めていきます。

8 返し口を縫う → p.45参照

本体は返し口をコの字綴じで縫い合わせ、耳は返し口を内側に少し折って立体的になるよう縫い絞り、角は返し口を一周並縫いして引き絞ります。

9 目を付ける → p.45参照

指定の位置に目打ちで穴をあけ、目を付けます。

10 角を付ける → p.46参照

本体の指定の位置に直径約2cmの＋印を付けて切り込みを入れ、8の角を約2cm差し込み、差し込み口と角の接地部分をコの字綴じで縫い合わせます。

11 耳を付ける → p.47参照

本体の指定の位置にぐるりと一周、コの字綴じで縫い合わせます。

12 アイラインを入れる → p.47参照

指定の刺繍糸で目にそってアウトラインステッチで3周囲みます。

13 全体を整える → p.48、下記参照

角や耳の角度を整え、ペットブラシでフェイクファーの毛並みも整えます。

PONY ポニー

→ 型紙p.86

正面

横

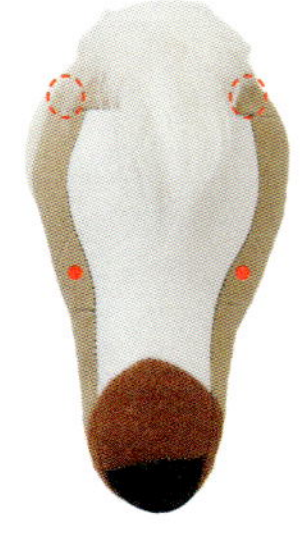

目、耳の付け位置

ブラウン

→ 作品p.26

サイズ(概寸)縦20cm×横12cm×奥行き19cm

材料

【顔・耳・首・鼻先・ふた・馬具】
フェルト ジャンボ400
235 ■… 1枚、790 ■… 1枚
【耳・額・鼻周り・ループ】
フェルト ミニー200
701 □… 1枚、225 ■… 1枚
【たてがみ】 ロングファー(ホワイト)
1051-1　12×8cm… 1枚
【目】 プラスチックアイ
(ライトブラウン・12mm)… 2個
【中身】 手芸わた…約100g
【縫い付け糸】 DMC25番刺繡糸
433… 1束
【アイライン】 DMC25番刺繡糸
433… 1束
【ミシン糸】 シャッペスパン#60
171… 1個

ピンク

→ 作品p.27

サイズ(概寸)縦20cm×横12cm×奥行き19cm

材料

【顔・耳・首・鼻先・ふた・馬具】
フェルト ジャンボ400
110 … 1枚、552 ■… 1枚
【耳・額・鼻周り・ループ】
フェルト ミニー200
301 ■… 1枚、701 □… 1枚、
770 ■… 1枚
【たてがみ】 ロングファー(ラベンダー)
1051-250　12×8cm… 1枚
【目】 プラスチックアイ
(ブルー・12mm)… 2個
【中身】 手芸わた…約100g
【縫い付け糸】 DMC25番刺繡糸
963… 1束
【アイライン】 DMC25番刺繡糸
310… 1束
【ミシン糸】 シャッペスパン#60
401… 1個

作り方

1 型紙を用意する

→ p.41参照

巻末の型紙を拡大コピー(163%)して型紙をカットし、各パーツの型紙を作ります。

2 フェルトとファーを裁つ

→ p.41参照

指定のフェルトとファーに型紙を写して裁ちます。

3 本体を縫う(顔)

→ p.42、p.65左上参照

①左右の口側面と側面(前)を縫い合わせます。
②❶と左右の目を縫い合わせます。
③❷と側面(後)を縫い合わせます。
④❸の前側同士を縫い合わせます。
⑤鼻の中央の切れ込み部分を縫い合わせます。
⑥❺と口上部を縫い合わせます。
⑦❻と上部(額)を縫い合わせます。
⑧口下部(あご)と下部(のど)を縫い合わせます。
⑨❹と❼を中表に合わせて縫い合わせます。
⑩❽と❾を縫い合わせます。

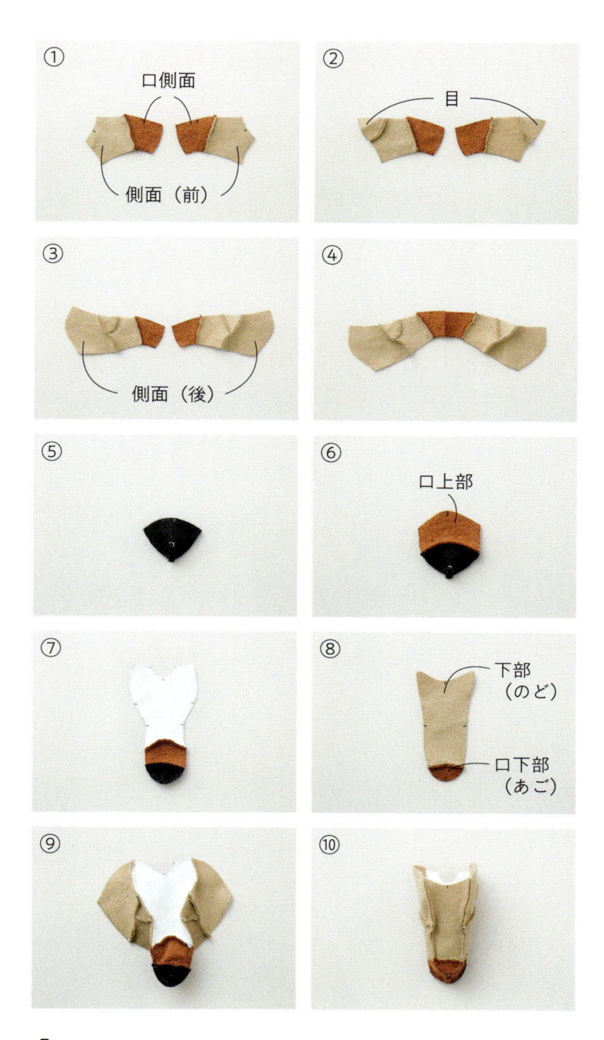

4 本体を縫う（首） → p.43、下記参照

①首を中表に合わせ、下側を縫い合わせます。表に返した3-⑩を中に入れて上部を残して縫い合わせ、顔部分を裏に返します。
②❶の上部に中表にしたたてがみの中心、縫い始め、縫い終わりをまち針で仮止めし、縫い合わせます。わにしたループを付けたふたを縫い合わせます。

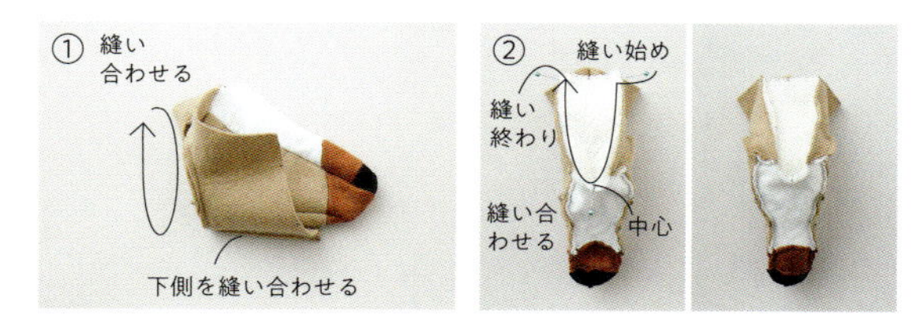

5 耳を縫う → p.44参照

耳の外側と内側を返し口を残して縫い合わせ、箸で返し口から表に返し、指定の位置にステッチを入れます。

6 わたを詰める → p.44参照

全体がかたくなり、返し口からはみ出るくらいまでわたを詰めていきます。

7 返し口を縫う → p.45参照

本体は返し口をコの字綴じで縫い合わせ、耳は返し口を内側に少し折って立体的になるよう縫い絞ります。

8 目を付ける → p.45参照

指定の位置に目打ちで穴をあけ、目を付けます。

9 耳を付ける → p.47参照

本体の指定の位置にぐるりと一周、コの字綴じで縫い合わせます。

10 アイラインを入れる → p.47参照

指定の刺繍糸で目にそってアウトラインステッチで３周囲みます。

11 馬具を作る → 下記参照

①指定のフェルトをa長さ約34cm×幅１cmを１枚、b長さ約19cm×幅１cmを１枚カットします。
②❶のbのフェルトをわにして端を１cm重ね、並縫いします。
③❶のaの両端をそれぞれ折り曲げて❷にかけ、重なった部分を縫いつけます。
④❸をポニーの鼻に通し、耳の後ろにループをひっかけて装着します。

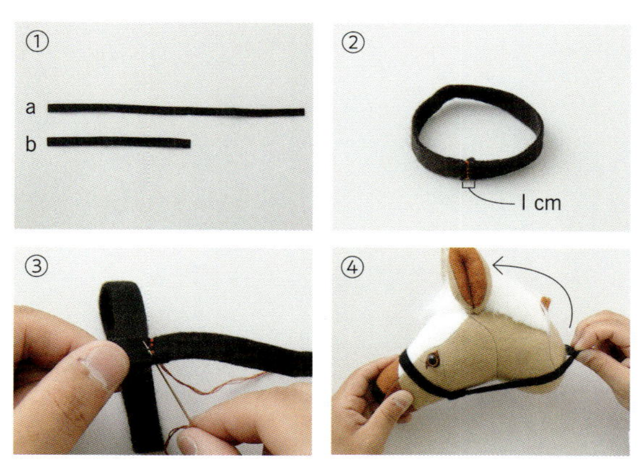

12 全体を整える → p.48、下記参照

耳の角度を整え、ペットブラシでフェイクファーの毛並みも整えます。

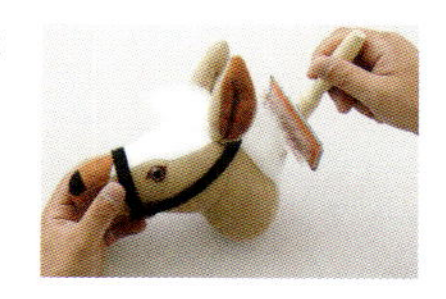

ALPACA アルパカ → 型紙p.88

正面

横

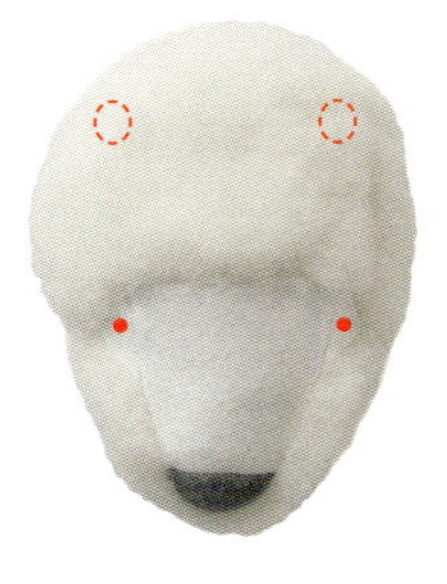

目、耳の付け位置

ホワイト → 作品p.30

サイズ(概寸)縦23cm×横13cm×奥行き14cm

材料

【顔・耳・ループ・ふた】
フェルト ミニー200　701 □…1枚
【耳・鼻】 フェルト ミニー200
235 ■…1枚、770 ■…1枚
【頭・首】 シープボア (アイボリー)
4000-425　27×35cm…1枚
【目】 プラスチックアイ
(ダークブラウン・12mm)…2個
【中身】 手芸わた…約100g
【縫い付け糸】 DMC25番刺繍糸
B5200…1束
【口元の糸】 DMC25番刺繍糸
414…1束
【アイライン】 DMC25番刺繍糸
433…1束
【ミシン糸】 シャッペスパン#60
401…1個

ブラウン → 作品p.31

サイズ(概寸)縦23cm×横13cm×奥行き14cm

材料

【顔・耳・ループ・ふた】
フェルト ミニー200　219 ■…1枚
【耳・鼻】 フェルト ミニー200
225 ■…1枚、790 ■…1枚
【頭・首】 シープボア (ブラウン)
4000-840　27×35cm…1枚
【目】 プラスチックアイ
(ダークブラウン・12mm)…2個
【中身】 手芸わた…約100g
【縫い付け糸】 DMC25番刺繍糸
433…1束
【口元の糸】 DMC25番刺繍糸
310…1束
【アイライン】 DMC25番刺繍糸
310…1束
【ミシン糸】 シャッペスパン#60
402…1個

グレー → 作品p.31

サイズ(概寸)縦23cm×横13cm×奥行き14cm

材料

【顔・耳・ループ・ふた】
フェルト ミニー200　225 ■…1枚
【耳・鼻】 フェルト ミニー200
701 □…1枚、771 ■…1枚
【頭・首】 シープボア (グレー)
27×35cm…1枚
【目】 プラスチックアイ
(ブルー・12mm)…2個
【中身】 手芸わた…約100g
【縫い付け糸】 DMC25番刺繍糸
400…1束
【口元の糸】 DMC25番刺繍糸
310…1束
【アイライン】 DMC25番刺繍糸
310…1束
【ミシン糸】 シャッペスパン#60
171…1個

1 型紙を用意する → p.41参照

巻末の型紙を拡大コピー（163%）して型紙をカットし、各パーツの型紙を作ります。

2 フェルトとボアを裁つ → p.41参照

指定のフェルトとボアに型紙を写して裁ちます。

3 本体を縫う（顔） → p.42、下記参照

①左右の目と側面（前）を縫い合わせます。
②❶と左右の側面（後）を縫い合わせます。
③❷の前側同士を縫い合わせます。
④鼻の中央の切れ込み部分を縫い合わせます。
⑤❹と上部（前）を縫い合わせます。
⑥❺と上部（後）を縫い合わせます。
⑦❸と❻を中表に合わせて縫い合わせます。
⑧❼と下部（あご）を中表に合わせて縫い合わせます。

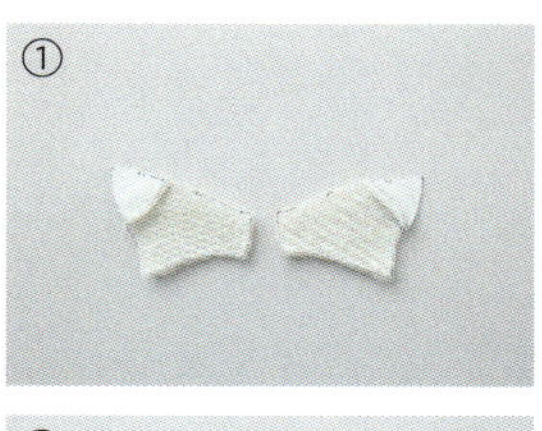

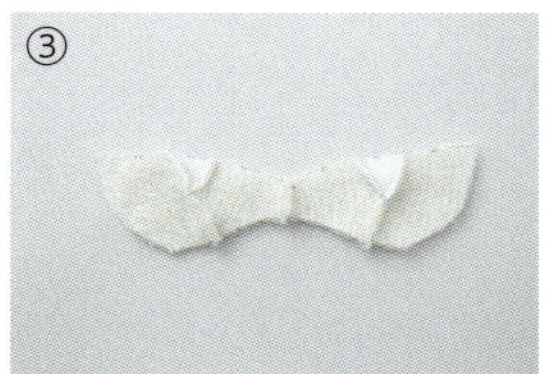

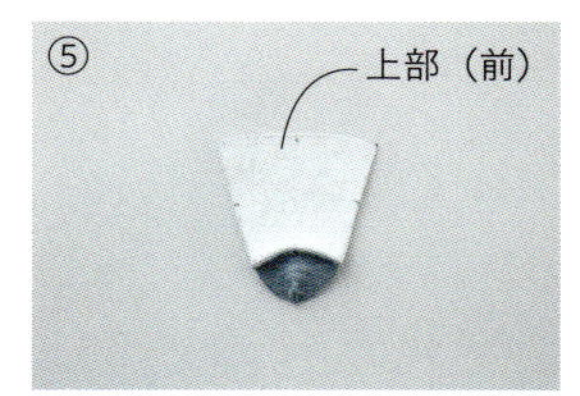

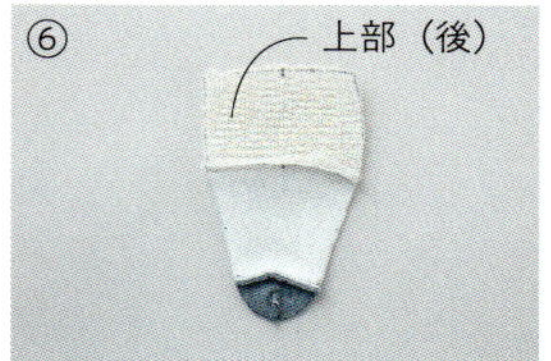

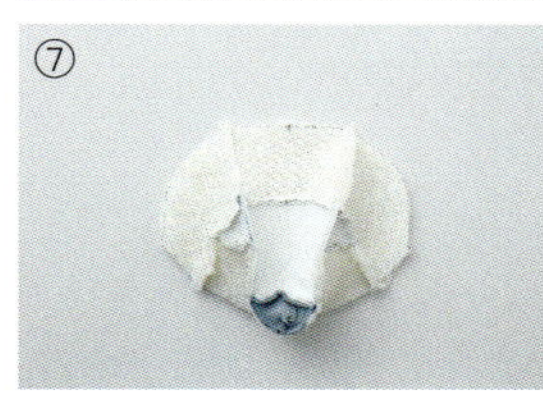

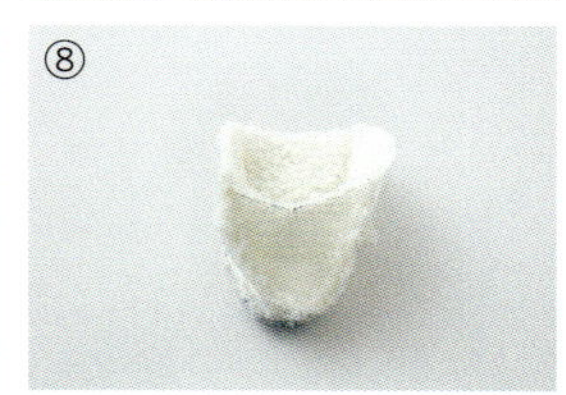

4 本体を縫う（首） → p.43参照

ボアを中表に合わせて縫い合わせ、表に返した3-⑧を中に入れて一周縫い合わせ、顔部分を裏に返します。わにしたループを付けたふたを縫い合わせます。

5 耳を縫う → p.44参照

耳の外側と内側を返し口を残して縫い合わせ、箸で返し口から表に返し、指定の位置にステッチを入れます。

6 わたを詰める → p.44参照

全体がかたくなり、返し口からはみ出るくらいまでわたを詰めていきます。

7 返し口を縫う → p.45参照

本体は返し口をコの字綴じで縫い合わせ、耳は返し口を内側に少し折って立体的になるよう縫い絞り、角は返し口を一周並縫いして引き絞ります。

8 ボアの表面をほどく → 下記参照

ペットブラシでひっかくようにボアの毛並み整えると、ぼこぼこした表面がほどけてなめらかになります。

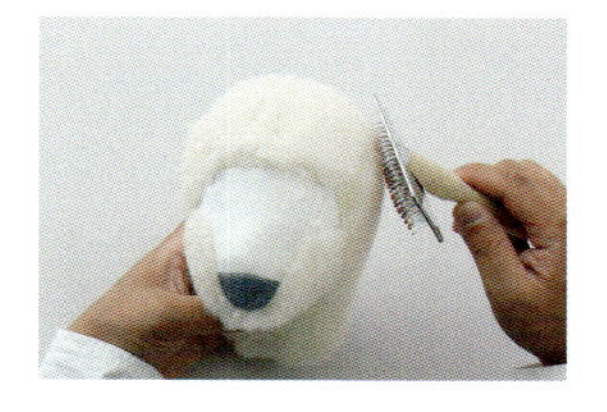

9 目を付ける → p.45参照

指定の位置に目打ちで穴をあけ、目を付けます。

10 耳を付ける → p.47参照

本体の指定の位置にぐるりと一周、コの字綴じで縫い合わせます。

11 口を付ける → 下記参照

指定の刺繍糸を約50cmにカットし、３本取りで通した針を鼻先に入れ、左右の鼻の頂点から出し、再度鼻先に刺して口のラインを縫い付けます（３回くり返す）。

12 アイラインを入れる → p.47参照

指定の刺繍糸で目にそってアウトラインステッチで３周囲みます。

13 全体を整える → p.48参照

耳の角度を整えます。

IMPALA インパラ

→ 型紙p.90

正面

横

目、耳、角の付け位置

ブラック

→ 作品p.32

サイズ（概寸）縦42cm×横25cm×奥行き18cm

材料

【顔・耳・角・ふた】フェルト ジャンボ400
790 ■…2枚、701 □…1枚
【顔・耳・鼻・ループ】フェルト　ミニー200
770 ■…1枚、235 ■…1枚
【ヒゲ】ブライトファー（ロング・エンジ色）
5310-100　12×8cm…1枚
【目】プラスチックアイ（ブルー・9mm）…2個
【中身】手芸わた…約150g
【縫い付け糸】DMC25番刺繍糸　310…1束
【アイライン】DMC25番刺繍糸　310…1束
【ミシン糸】シャッペスパン＃60　402…1個

ブルー

→ 作品p.33

サイズ（概寸）縦42cm×横25cm×奥行き18cm

材料

【顔・耳・角・ふた】フェルト ジャンボ400
701 □…2枚、770 ■…1枚
【顔・耳・鼻・ループ】フェルト ミニー200
552 ■…1枚、574 ■…1枚
【ヒゲ】ブライトファー（ロング・シルバーグレー）
5310-60　12×8cm…1枚
【目】プラスチックアイ（ダークブラウン・9mm）…2個
【中身】手芸わた…約150g
【縫い付け糸】DMC25番刺繍糸　b5200…1束
【アイライン】DMC25番刺繍糸　414…1束
【ミシン糸】シャッペスパン＃60　171…1個

作り方

1 型紙を用意する

→ p.41参照

巻末の型紙を拡大コピー（163%）して型紙をカットし、各パーツの型紙を作ります。

2 角のパッチワーク生地を作る

→ 下記、p.69左上参照

①指定の2色のフェルトを指定の大きさ、枚数にカットします。
②❶を交互に並べて縫い合わせていき、縦約37cm×横約15cmの布を作ります。同じものを2枚作ります。

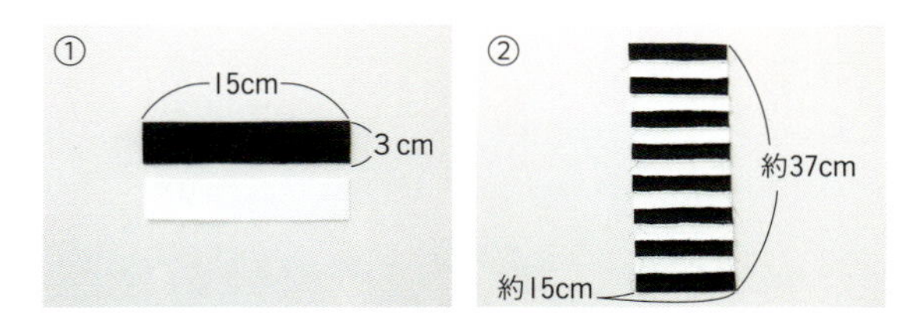

3 フェルトとファーを裁つ → p.41、下記参照

2の角は指定の型紙で他のパーツと同様に裁ち、ほつれ防止のため、周囲の２mm内側を縫います。

4 本体を縫う（顔） → p.42、下記参照

①左右の目と側面（前）を縫い合わせます。
②❶と左右の側面（後）を縫い合わせます。
③❷の前側同士を縫い合わせます。
④鼻の中央の切れ込み部分を縫い合わせます。
⑤❹と上部を縫い合わせます。
⑥❸と❺を中表に合わせて縫い合わせます。
⑦❻と下部（あご）を中表に合わせて縫い合わせます。

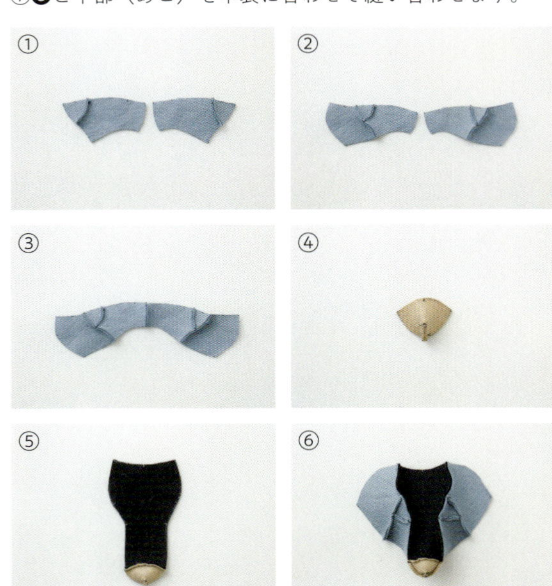

5 本体を縫う（首） → p.43参照

首を中表に合わせて縫い合わせ、表に返した**4**-⑦を中に入れて一周縫い合わせ、顔部分を裏に返します。わにしたループを付けたふたを縫い合わせます。

6 耳を縫う → p.44参照

耳の外側と内側を返し口を残して縫い合わせ、箸で返し口から表に返し、指定の位置にステッチを入れます。

7 角を縫う → p.44参照

角のフェルトを返し口を残して縫い合わせ、芯を抜いたボールペンと箸で返し口から表に返します。

8 わたを詰める → p.44参照

全体がかたくなり、返し口からはみ出るくらいまでわたを詰めていきます。

9 返し口を縫う → p.45参照

本体は返し口をコの字綴じで縫い合わせ、耳は返し口を内側に少し折って立体的になるよう縫い絞り、角は返し口を一周並縫いして引き絞ります。

10 目を付ける → p.45参照

指定の位置に目打ちで穴をあけ、目を付けます。

11 角を付ける → p.46参照

本体の指定の位置に直径約２cmの＋印を付けて切り込みを入れ、**9**の角を約２cm差し込み、差し込み口と角の接地部分をコの字綴じで縫い合わせます。

12 耳を付ける → p.47参照

本体の指定の位置にぐるりと一周、コの字綴じで縫い合わせます。

13 アイラインを入れる → p.47参照

指定の刺繍糸で目にそってアウトラインステッチで３周囲みます。

14 全体を整える → p.48、下記参照

角や耳の角度を整え、ペットブラシでフェイクファーの毛並みも整えます。

GIRAFFE キリン

→ 型紙p.93

正面

イエロー

→ 作品p.34

サイズ（概寸）縦33cm×横19cm×奥行き30cm

材料

【顔・角・首・耳】 フェルト ジャンボ400　313 …1枚
【顔・首・耳・ループ・ふた】 フェルト ミニー200
383 …2枚、225 …1枚、235 …1枚、
790 …1枚、331 …2枚
【首】 ソフトファー（クロ）7417-10　27×10cm…1枚
【目】 プラスチックアイ（ライトブラウン・12mm）…2個
【中身】 手芸わた…約200g
【縫い付け糸】 DMC25番刺繍糸　745…1束
【アイライン、まつ毛】 DMC25番刺繍糸　310…1束
【ミシン糸】 シャッペスパン＃60　401…1個

ピンク

→ 作品p.35

サイズ（概寸）縦33cm×横19cm×奥行き30cm

材料

【顔・角・首・耳】 フェルト ジャンボ400　102 …1枚
【顔・首・耳・ループ・ふた】 フェルト ミニー200
110 …2枚、301 …2枚、225 …1枚、
235 …1枚、790 …1枚
【首】 ソフトファー（ピンク）7417-230　27×10cm…1枚
【目】 プラスチックアイ（ライトブラウン・12mm）…2個
【中身】 手芸わた…約200g
【縫い付け糸】 DMC25番刺繍糸　894…1束
【アイライン、まつ毛】 DMC25番刺繍糸　310…1束
【ミシン糸】 シャッペスパン＃60　401…1個

横

目、耳、角の付け位置

作り方

1 型紙を用意する

→ p.41参照

巻末の型紙を拡大コピー（163%）して型紙をカットし、各パーツの型紙を作ります。

2 首のパッチワーク生地を作る

→ 下記参照

①指定のフェルトを指定の大きさ、枚数にカットします。
②❶を好みの位置に配置し、約縦30cm×横15cmになるよう縫い合わせます。同じものを２枚作ります。

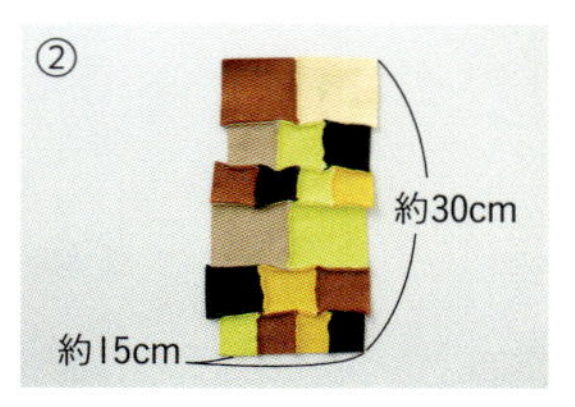

3 フェルトとファーを裁つ

→ p.41、下記参照

2の首は指定の型紙で他のパーツと同様に裁ち、ほつれ防止のため、周囲の２mm内側を縫います。

4 本体を縫う（顔）

→ p.42、下記、右上参照

①側面（前）のパーツの──線を山折りにして、重なった------線（ダーツ）をまち針で仮止めして縫い合わせます。
②❶と左右の目を縫い合わせます。
③❷と左右の側面（後）を縫い合わせます。
④❸の前側同士を縫い合わせます。
⑤鼻の中央の切れ込み部分を縫い合わせます。
⑥❺と上部を縫い合わせます。
⑦❹と❻を中表に合わせて縫い合わせます。
⑧❼と下部（あご）を中表に合わせて縫い合わせます。

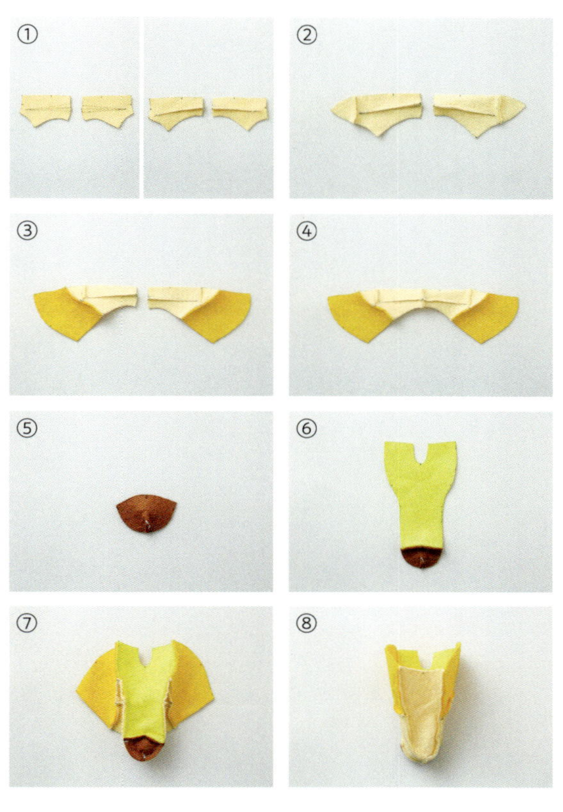

5 本体を縫う（首）

→ p.43、下記参照

①3のパッチワーク生地を中表に合わせ、下側を縫い合わせます。表に返した4-⑧を中に入れ、一周縫い合わせて顔部分を裏に返します。
②❶の上部に中表にしたたてがみの中心、左右の合印、縫い始め、縫い終わりをまち針で仮止めし、縫い合わせます。わにしたループを付けたふたを縫い合わせます。

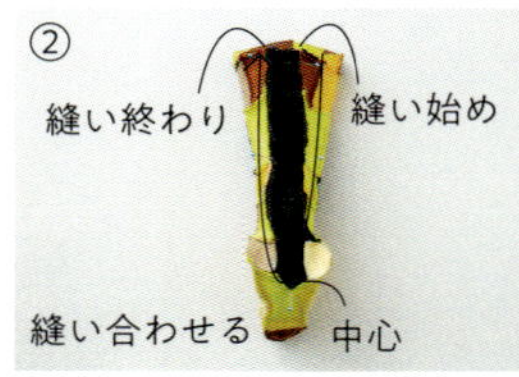

6 耳を縫う → p.44参照

耳の外側と内側を返し口を残して縫い合わせ、箸で返し口から表に返し、指定の位置にステッチを入れます。

7 角を縫う → p.44、下記参照

①角のフェルトを返し口を残して縫い合わせます。
②芯を抜いたボールペンと箸を使い、先端がとがるように返し口から表に返します。
③ファーを返し口を残して縫い合わせ、表に返します。

①

②

③

8 わたを詰める → p.44参照

全体がかたくなり、返し口からはみ出るくらいまでわたを詰めていきます。

9 返し口を縫う → p.45、下記参照

本体は返し口をコの字綴じで縫い合わせ、耳は内側に少し折って立体的になるよう縫い絞ります。角は返し口を一周並縫いして引き絞り、玉止めします。玉止めした反対側に**7**-③をかぶせ、返し口と角の接地部分をかがり縫いします。

10 目を付ける → p.45参照

指定の位置に目打ちで穴をあけ、目を付けます。

11 角を付ける → p.46、下記参照

本体の指定の位置に直径約1cmの＋印を付けて切り込みを入れ、小指で角を差し込むための空間を作ります。**9**の角を約1cm差し込み、差し込み口と角の接地部分をコの字綴じで縫い合わせます。

12 耳を付ける → p.47参照

本体の指定の位置にぐるりと一周、コの字綴じで縫い合わせます。

13 アイラインを入れる → p.47参照

指定の刺繍糸で目にそってアウトラインステッチで3周囲みます。

14 まつ毛を入れる → 下記参照

アイラインを入れた後、同じ糸でアイラインの上にまつ毛の刺繍をします。

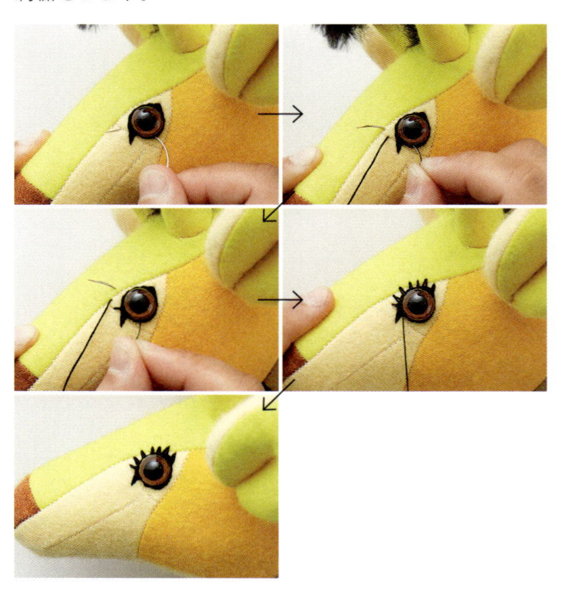

15 全体を整える → p.48参照

角や耳の角度を整え、ペットブラシでフェイクファーの毛並みも整えます。

PATTARN 型紙

＊♯の次の数字はフェルトの番号です。

REINDEER トナカイ

作品→ p.10　作り方→ p.40, p53

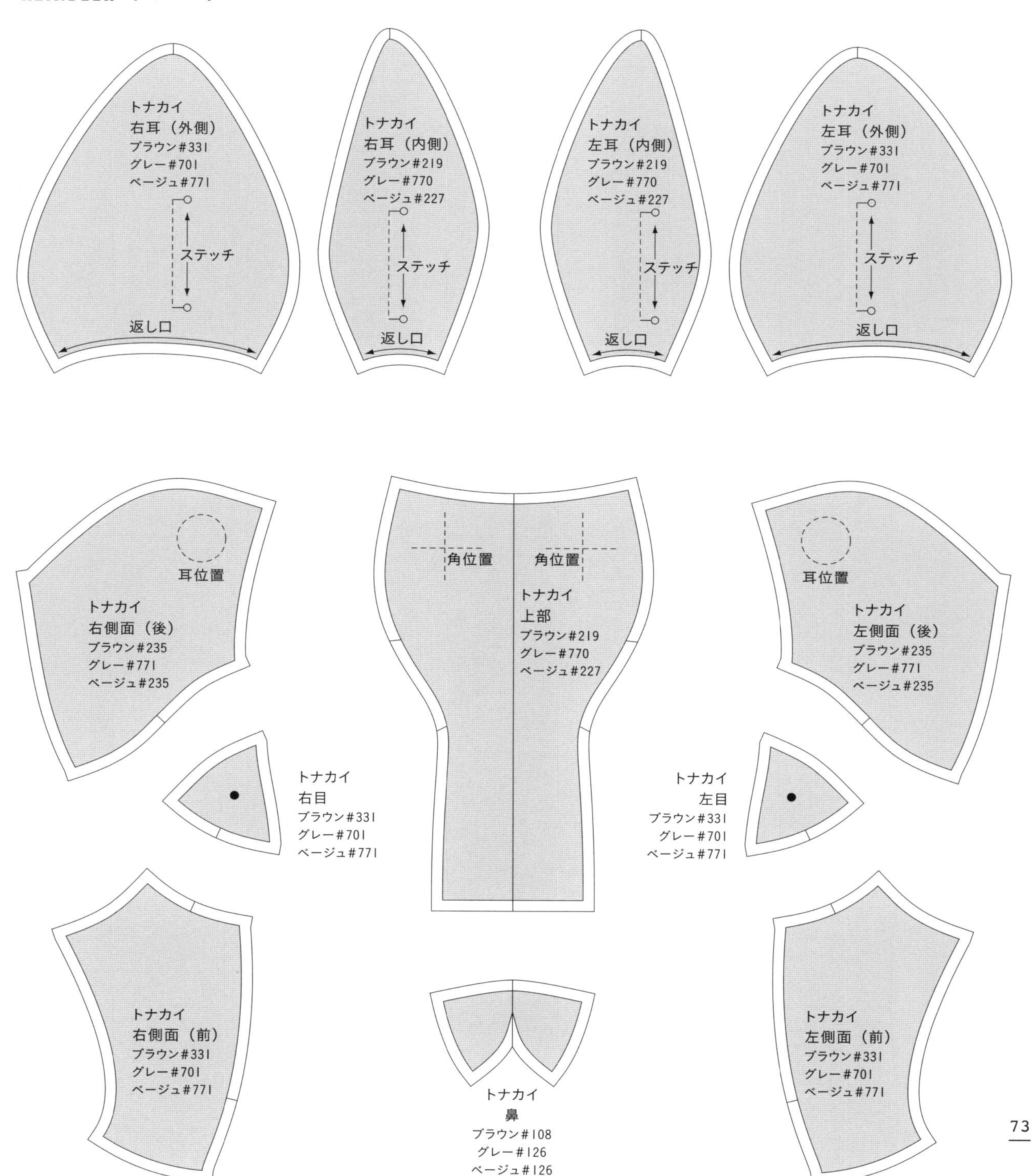

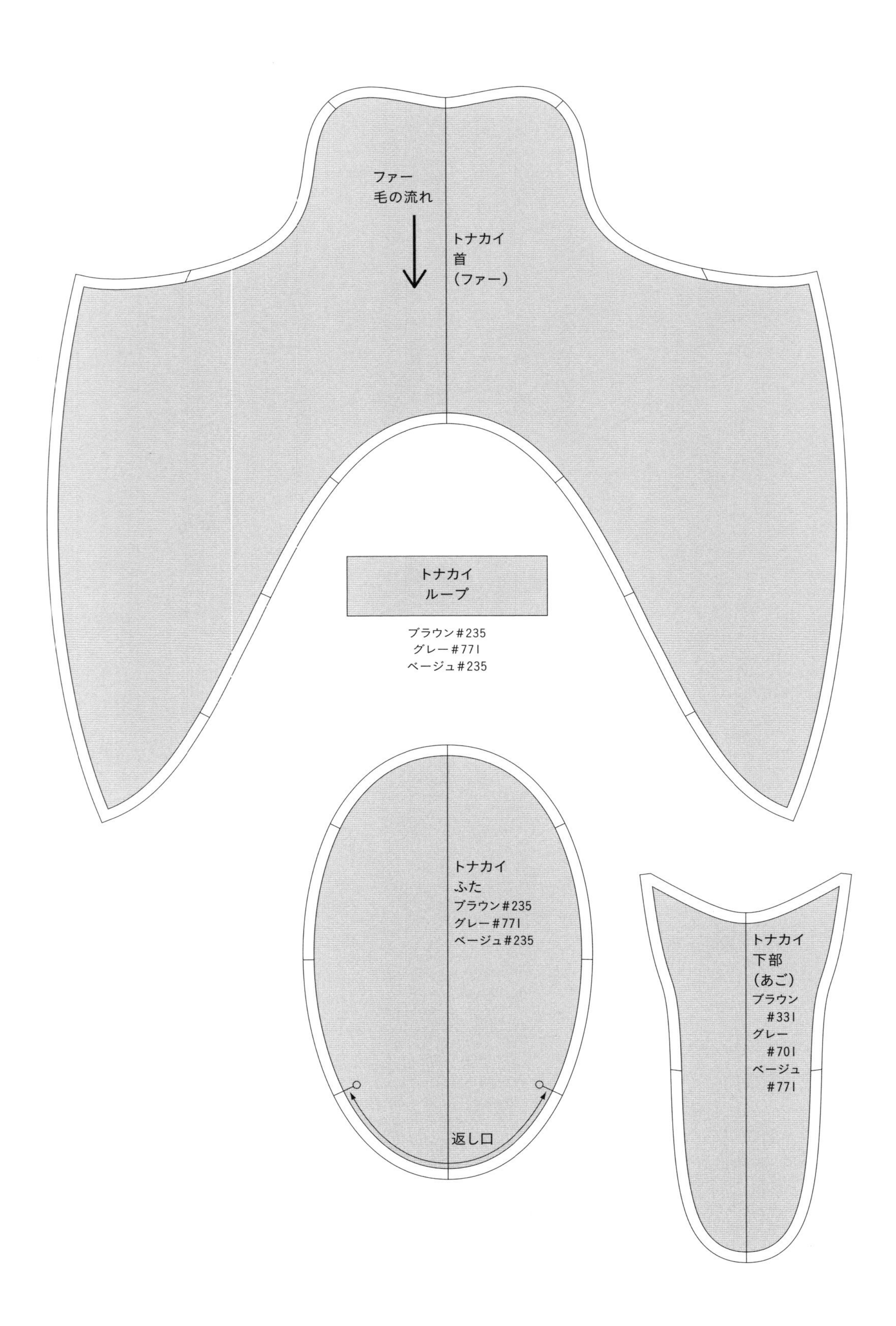
ファー
毛の流れ
トナカイ
首
（ファー）
トナカイ
ループ
ブラウン#235
グレー#771
ベージュ#235
トナカイ
ふた
ブラウン#235
グレー#771
ベージュ#235
返し口
トナカイ
下部
（あご）
ブラウン
#331
グレー
#701
ベージュ
#771

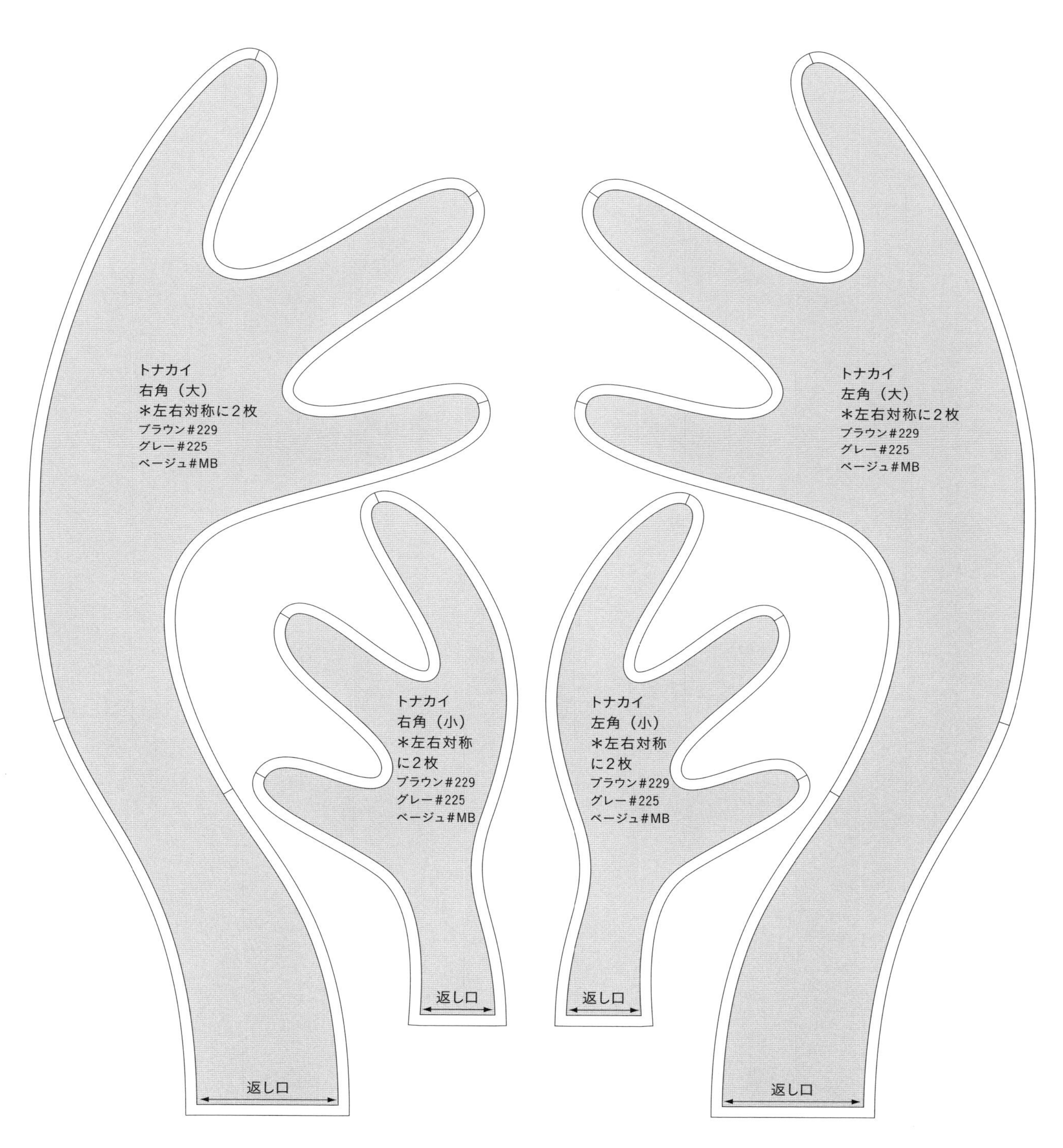
トナカイ
右角（大）
＊左右対称に２枚
ブラウン#229
グレー#225
ベージュ#MB
トナカイ
左角（大）
＊左右対称に２枚
ブラウン#229
グレー#225
ベージュ#MB
トナカイ
右角（小）
＊左右対称
に２枚
ブラウン#229
グレー#225
ベージュ#MB
トナカイ
左角（小）
＊左右対称
に２枚
ブラウン#229
グレー#225
ベージュ#MB
返し口
返し口
返し口
返し口

ARGALI アルガリ　作品→ p.12　作り方→ p.54

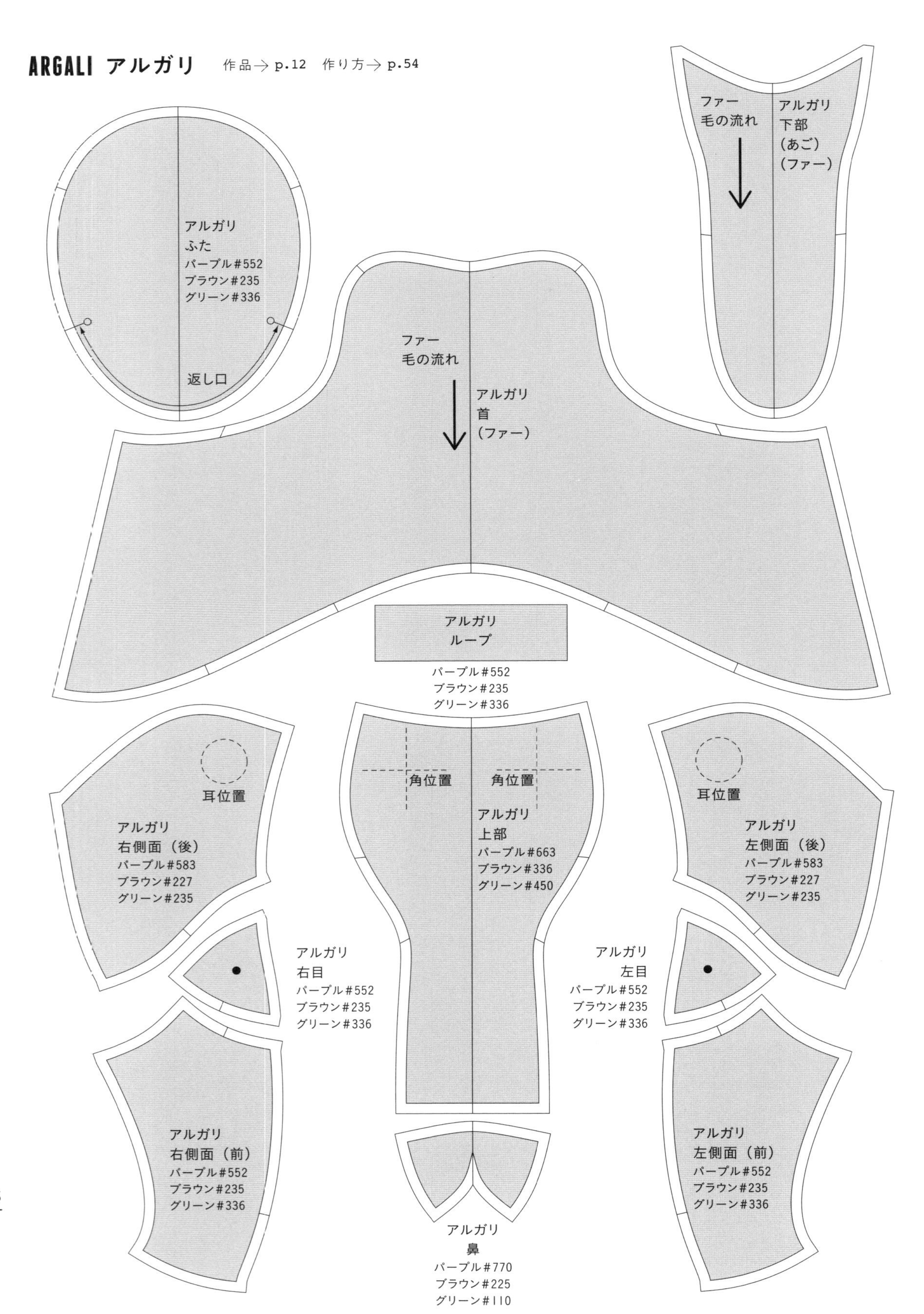

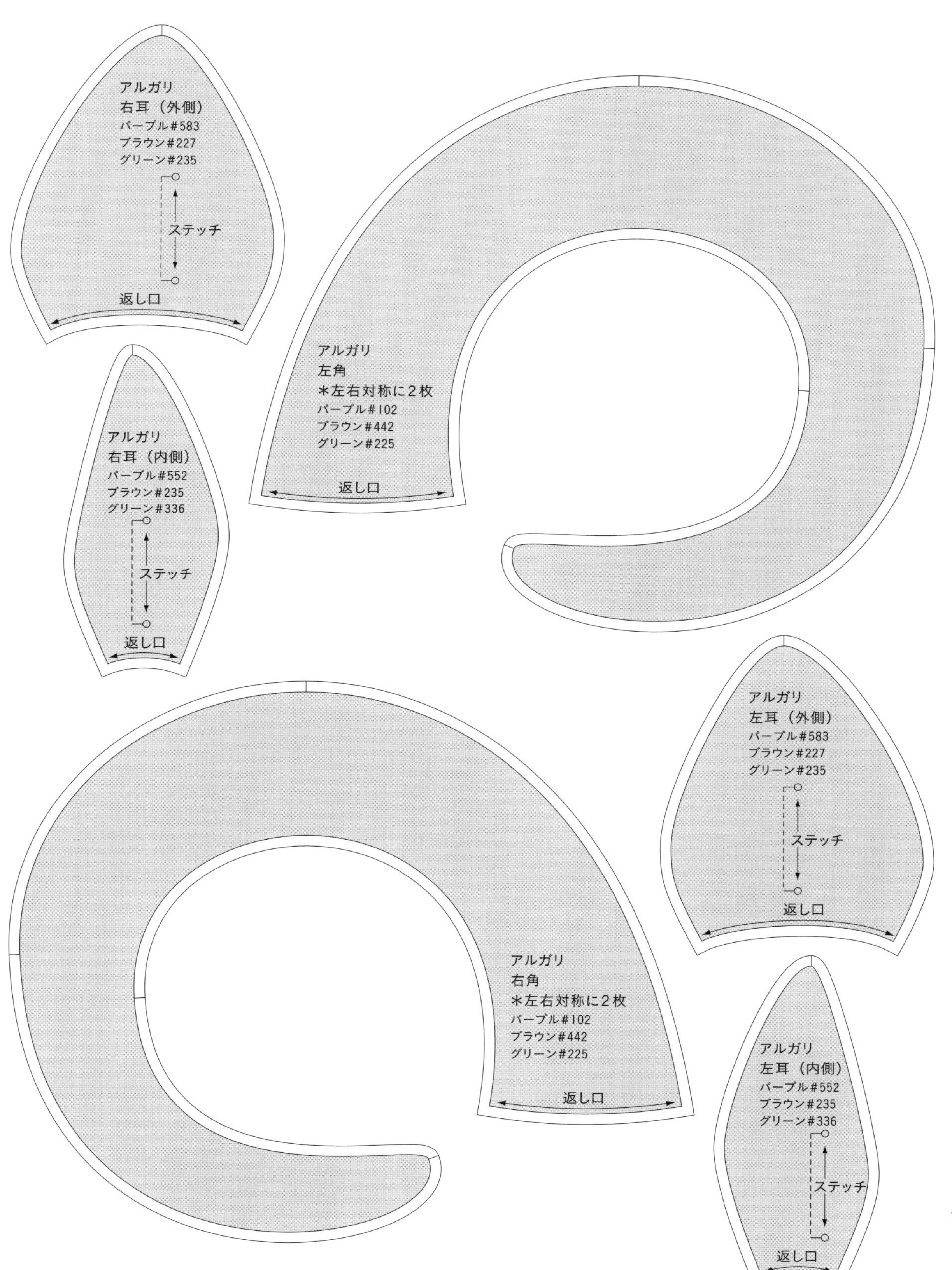
アルガリ
右耳（外側）
パープル#583
ブラウン#227
グリーン#235
ステッチ
返し口
アルガリ
左角
＊左右対称に2枚
パープル#102
ブラウン#442
グリーン#225
返し口
アルガリ
右耳（内側）
パープル#552
ブラウン#235
グリーン#336
ステッチ
返し口
アルガリ
左耳（外側）
パープル#583
ブラウン#227
グリーン#235
ステッチ
返し口
アルガリ
右角
＊左右対称に2枚
パープル#102
ブラウン#442
グリーン#225
返し口
アルガリ
左耳（内側）
パープル#552
ブラウン#235
グリーン#336
ステッチ
返し口

DEER シカ 作品→ p.16 作り方→ p.56

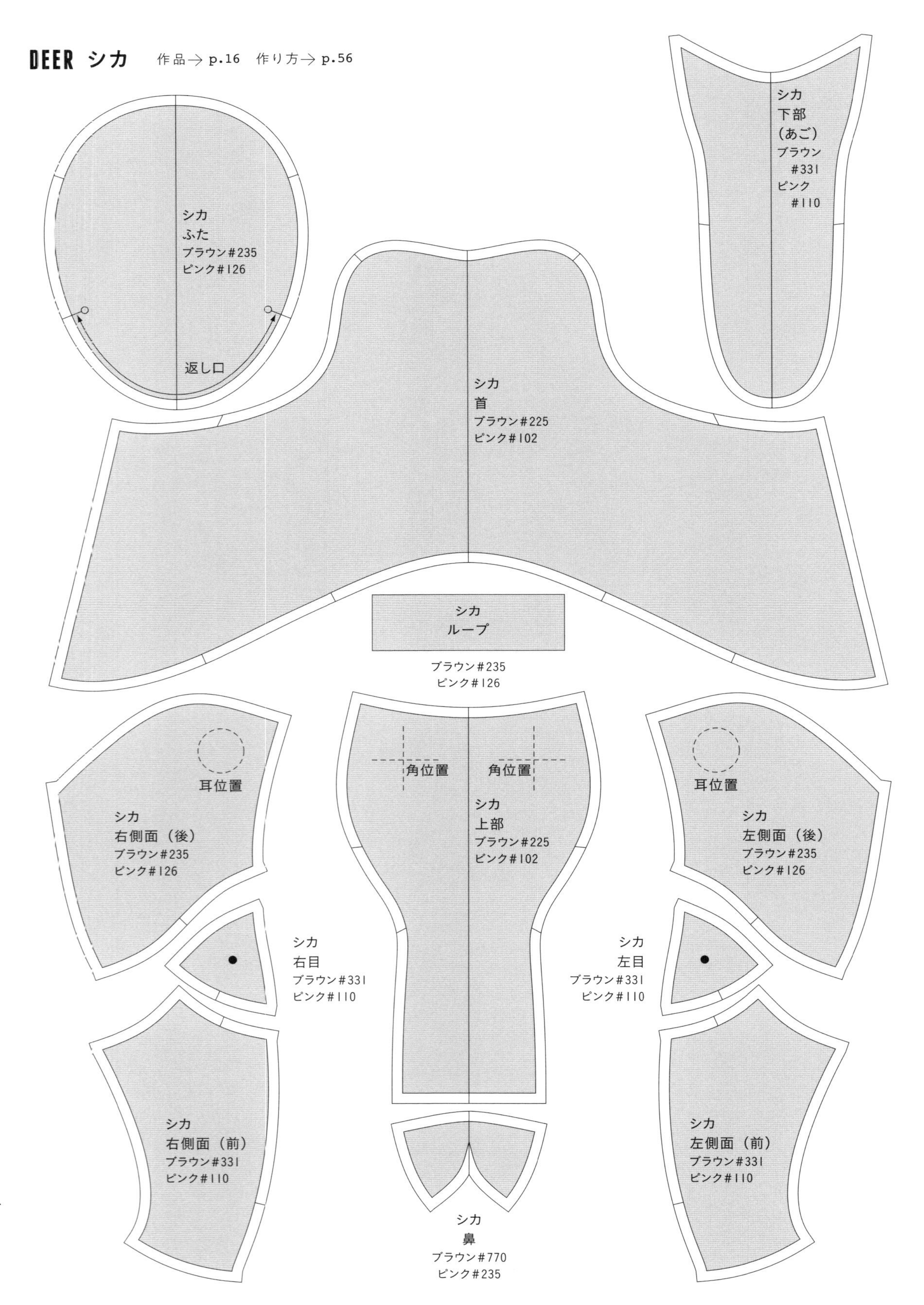

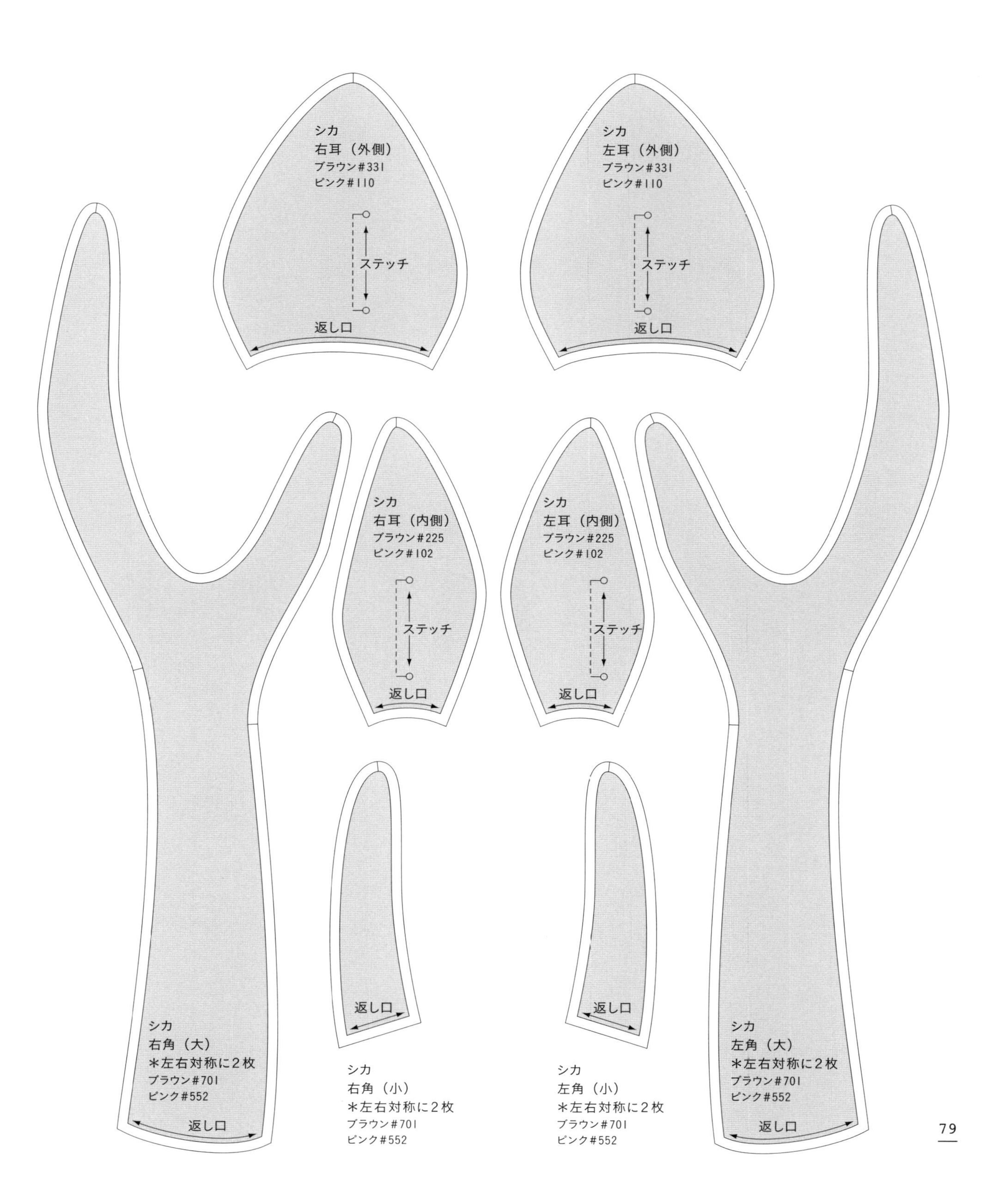
シカ
右耳（外側）
ブラウン#331
ピンク#110
ステッチ
返し口
シカ
左耳（外側）
ブラウン#331
ピンク#110
ステッチ
返し口
シカ
右耳（内側）
ブラウン#225
ピンク#102
ステッチ
返し口
シカ
左耳（内側）
ブラウン#225
ピンク#102
ステッチ
返し口
返し口
返し口
シカ
右角（大）
＊左右対称に2枚
ブラウン#701
ピンク#552
返し口
シカ
右角（小）
＊左右対称に2枚
ブラウン#701
ピンク#552
シカ
左角（小）
＊左右対称に2枚
ブラウン#701
ピンク#552
シカ
左角（大）
＊左右対称に2枚
ブラウン#701
ピンク#552
返し口

UNICORN ユニコーン　作品→ p.18　作り方→ p.58

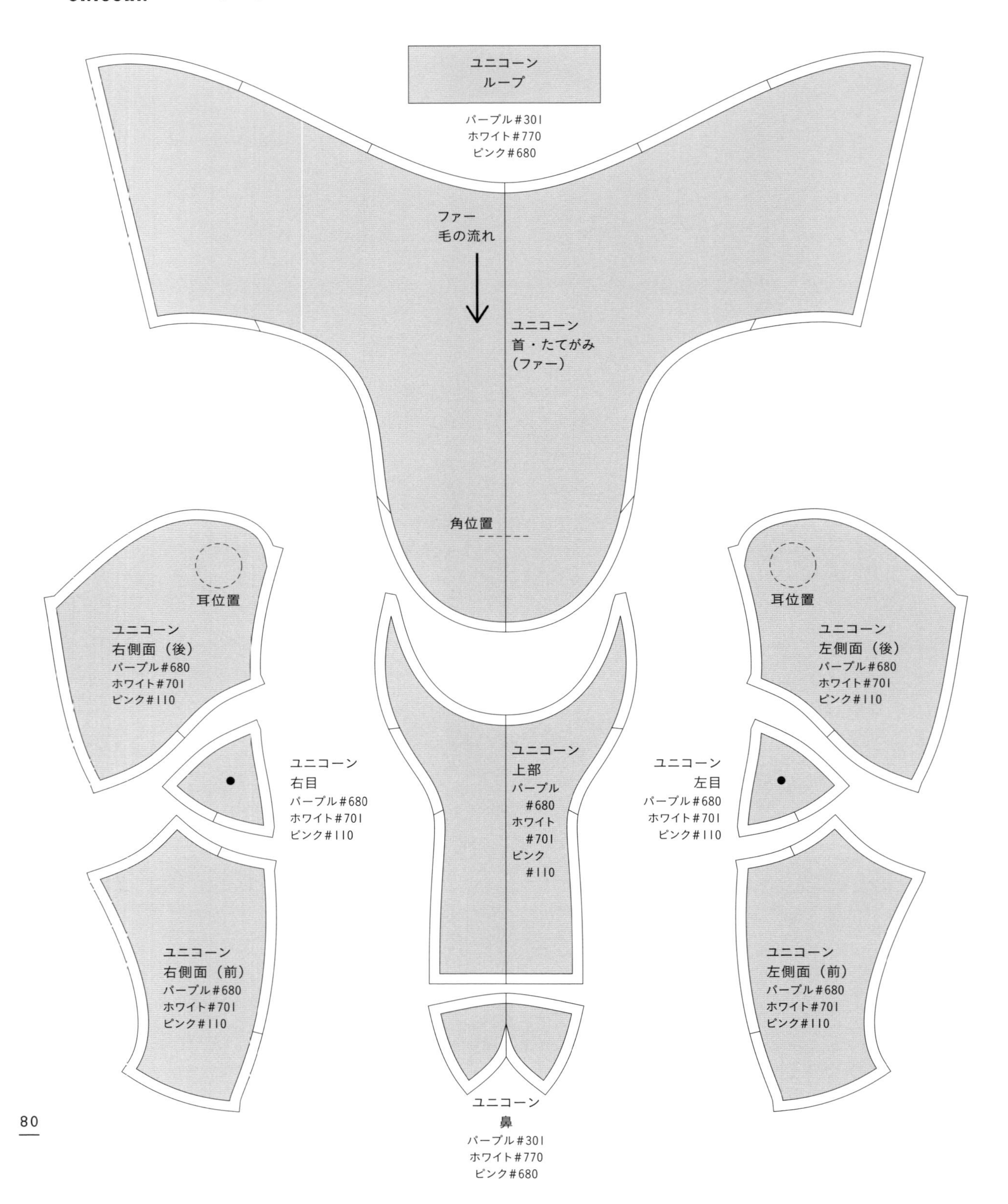

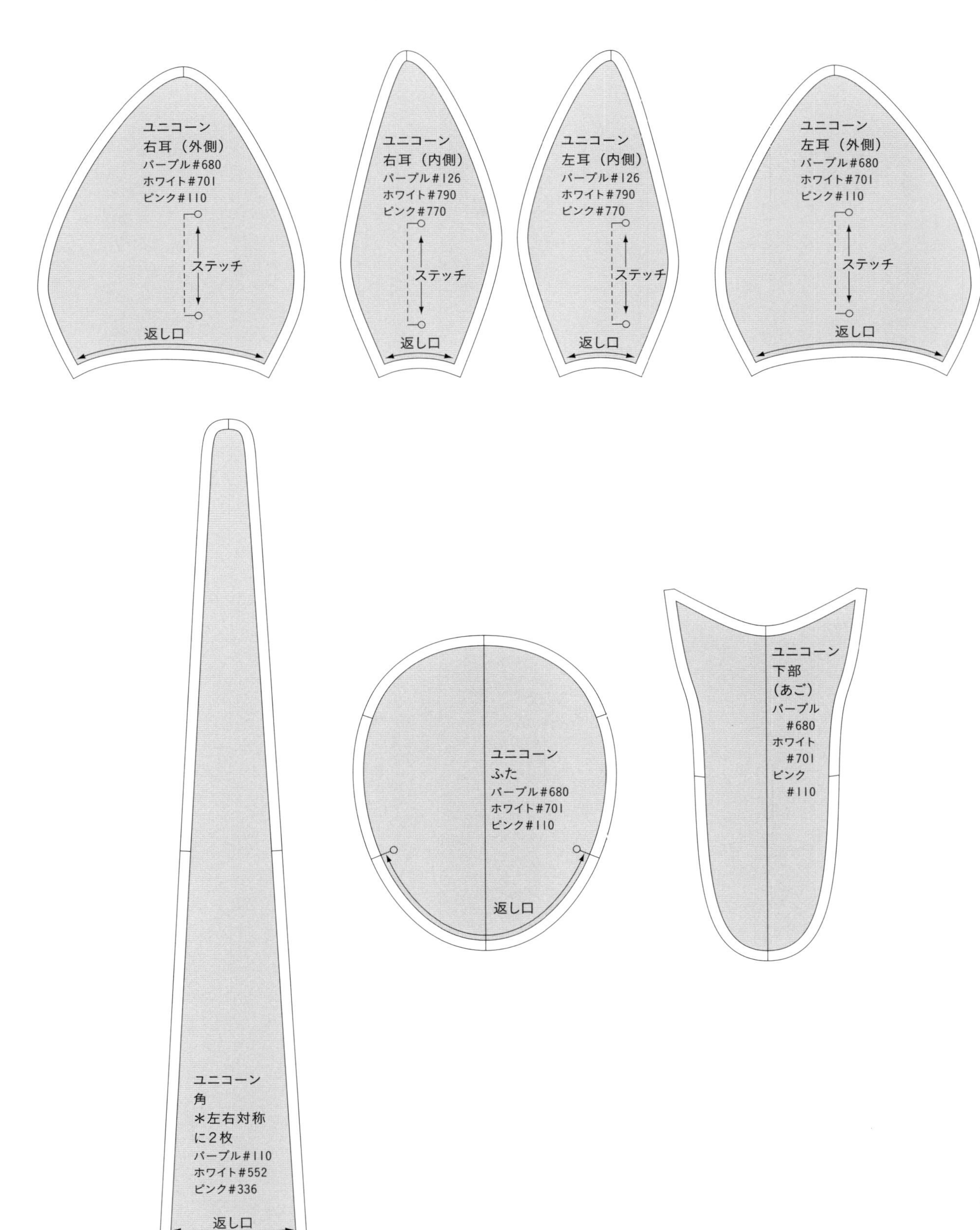
ユニコーン
右耳（外側）
パープル#680
ホワイト#701
ピンク#110
ステッチ
返し口
ユニコーン
右耳（内側）
パープル#126
ホワイト#790
ピンク#770
ステッチ
返し口
ユニコーン
左耳（内側）
パープル#126
ホワイト#790
ピンク#770
ステッチ
返し口
ユニコーン
左耳（外側）
パープル#680
ホワイト#701
ピンク#110
ステッチ
返し口
ユニコーン
角
＊左右対称
に2枚
パープル#110
ホワイト#552
ピンク#336
返し口
ユニコーン
ふた
パープル#680
ホワイト#701
ピンク#110
返し口
ユニコーン
下部
（あご）
パープル
#680
ホワイト
#701
ピンク
#110

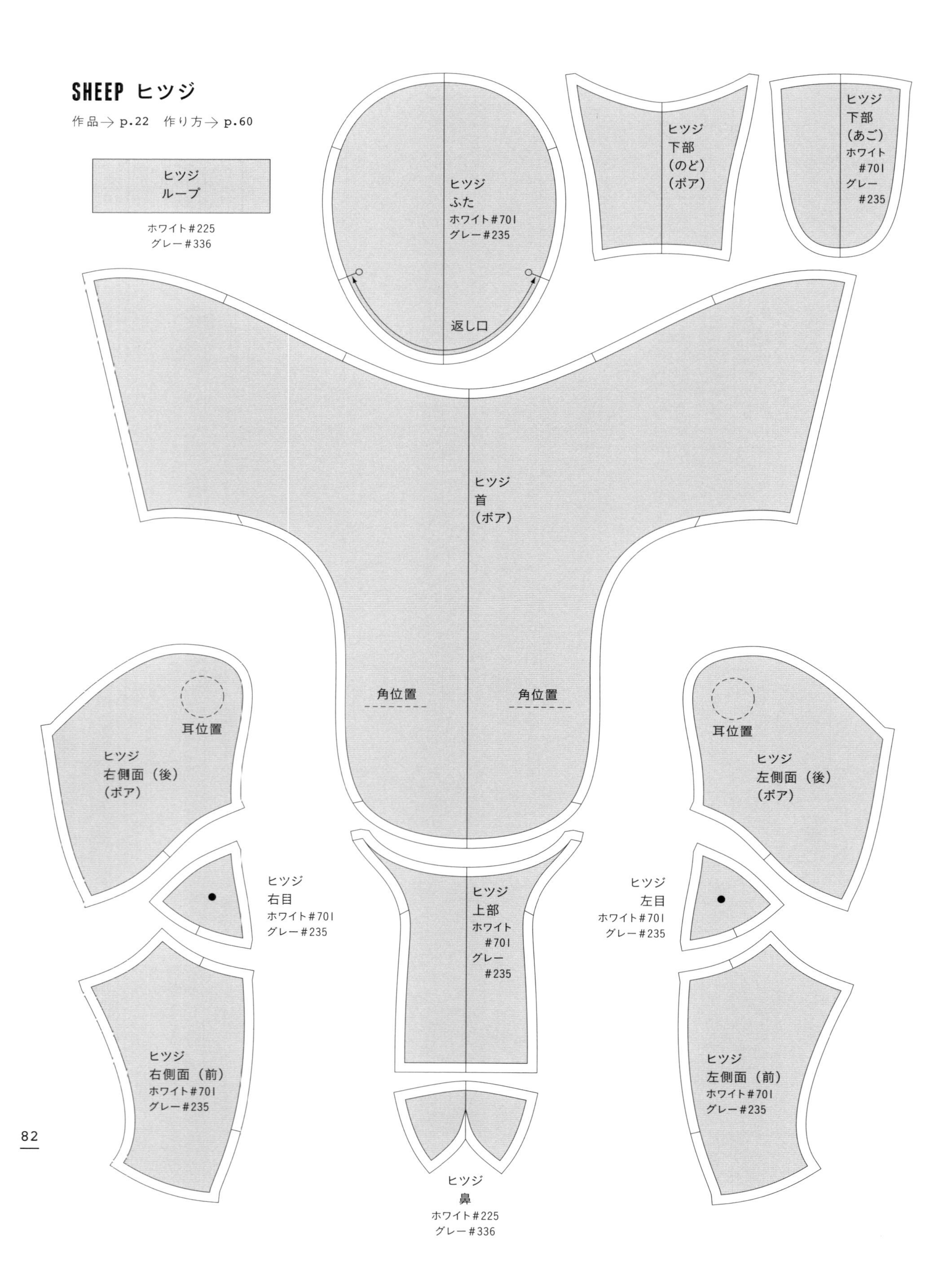
SHEEP ヒツジ
作品→p.22　作り方→p.60
ヒツジ
ループ
ホワイト#225
グレー#336
ヒツジ
ふた
ホワイト#701
グレー#235
返し口
ヒツジ
下部
(のど)
(ボア)
ヒツジ
下部
(あご)
ホワイト
#701
グレー
#235
ヒツジ
首
(ボア)
角位置
角位置
耳位置
ヒツジ
右側面（後）
(ボア)
耳位置
ヒツジ
左側面（後）
(ボア)
ヒツジ
右目
ホワイト#701
グレー#235
ヒツジ
上部
ホワイト
#701
グレー
#235
ヒツジ
左目
ホワイト#701
グレー#235
ヒツジ
右側面（前）
ホワイト#701
グレー#235
ヒツジ
左側面（前）
ホワイト#701
グレー#235
ヒツジ
鼻
ホワイト#225
グレー#336

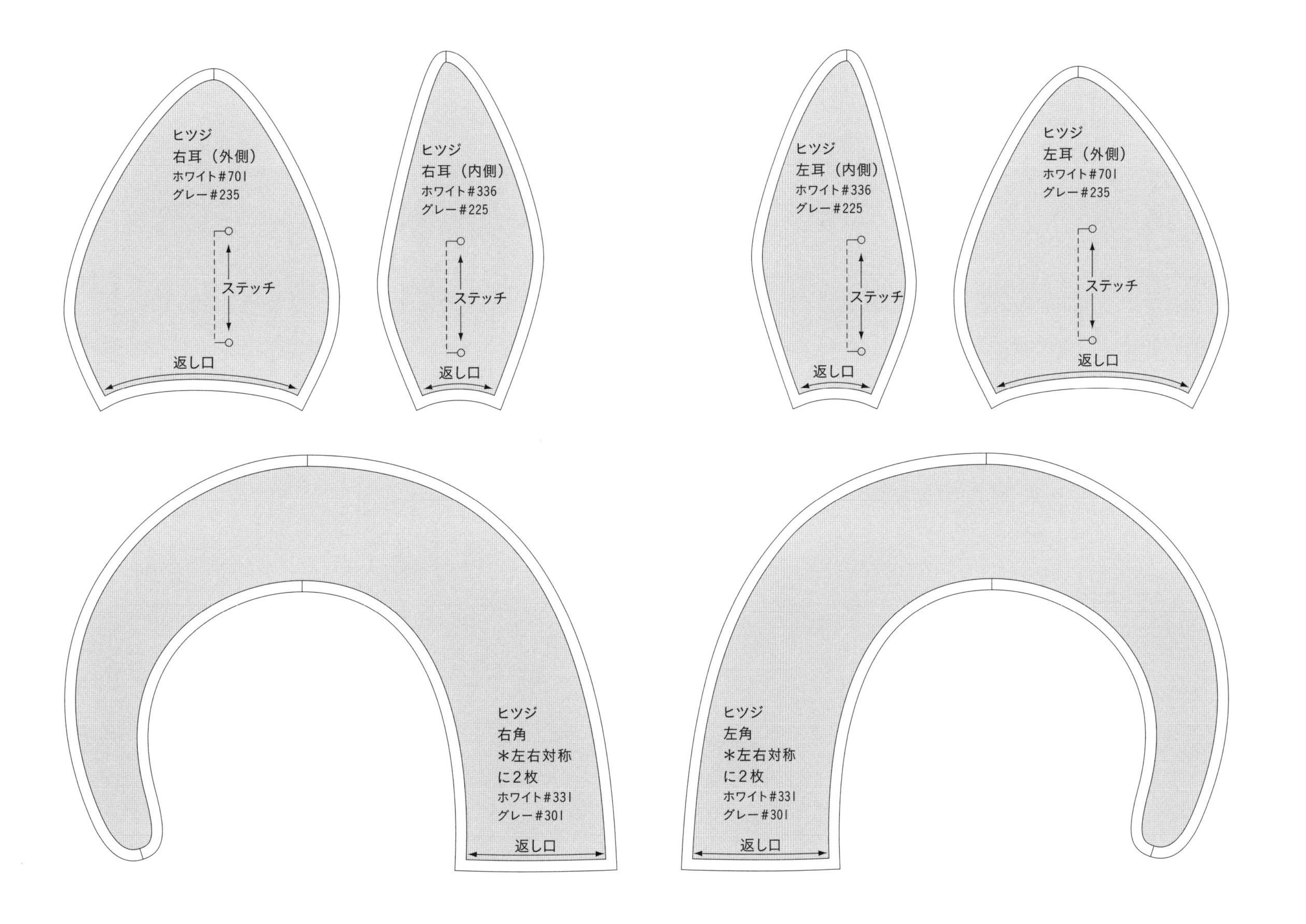

ヒツジ
右耳（外側）
ホワイト#701
グレー#235
ステッチ
返し口
ヒツジ
右耳（内側）
ホワイト#336
グレー#225
ステッチ
返し口
ヒツジ
左耳（内側）
ホワイト#336
グレー#225
ステッチ
返し口
ヒツジ
左耳（外側）
ホワイト#701
グレー#235
ステッチ
返し口
ヒツジ
右角
＊左右対称
に2枚
ホワイト#331
グレー#301
返し口
ヒツジ
左角
＊左右対称
に2枚
ホワイト#331
グレー#301
返し口

GOAT ヤギ

作品→p.24 作り方→p.62

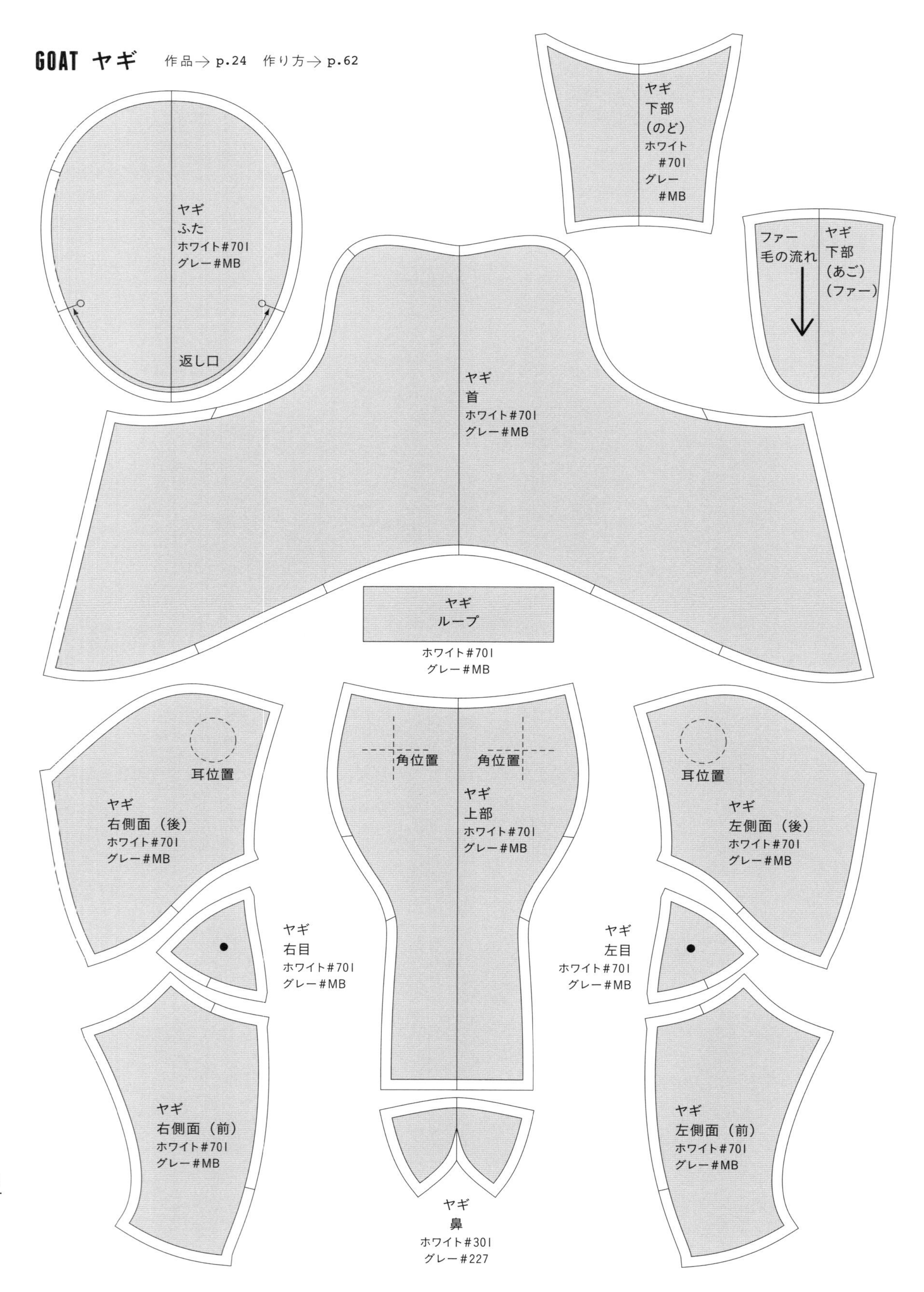

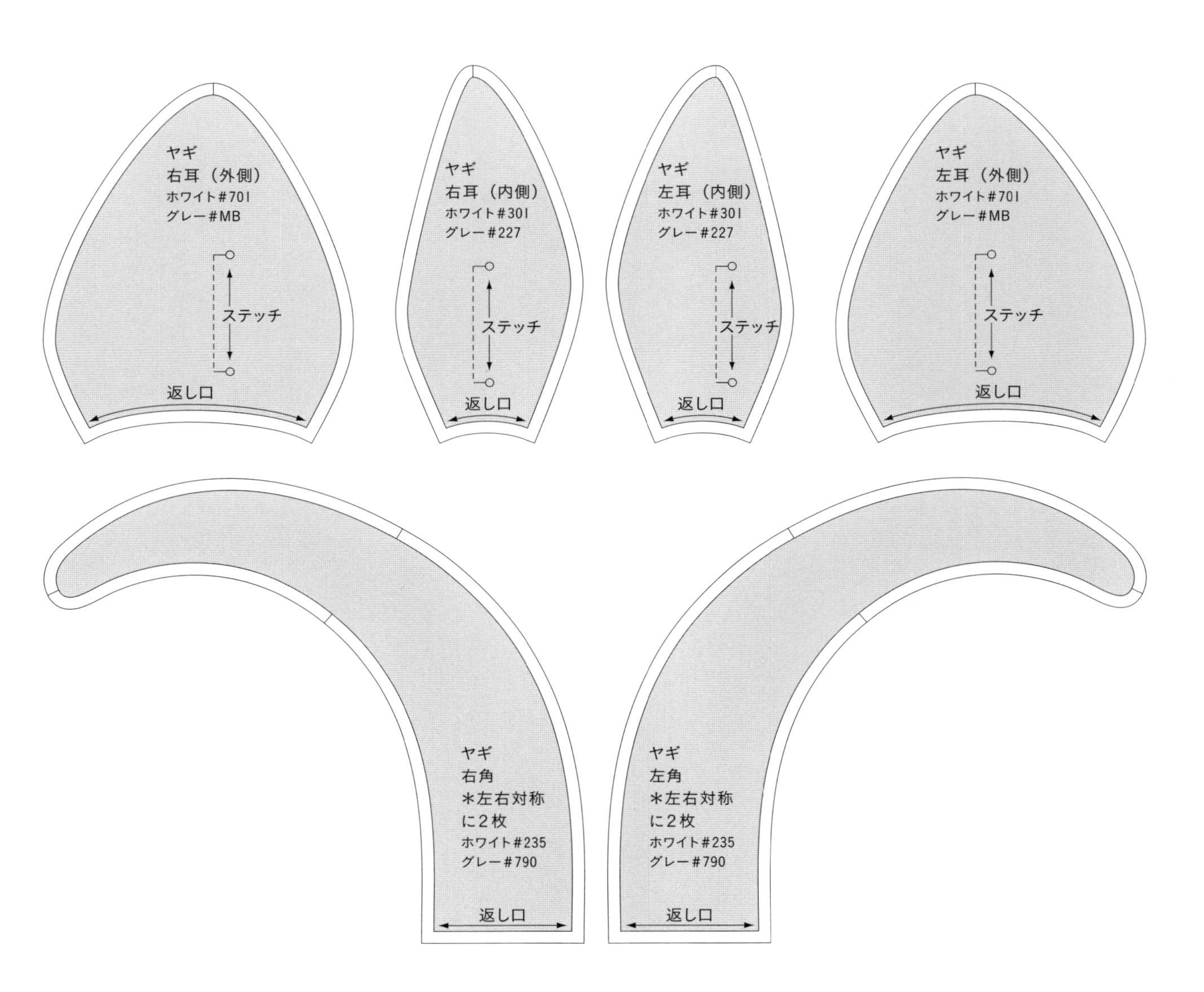
ヤギ
右耳（外側）
ホワイト#701
グレー#MB
ステッチ
返し口
ヤギ
右耳（内側）
ホワイト#301
グレー#227
ステッチ
返し口
ヤギ
左耳（内側）
ホワイト#301
グレー#227
ステッチ
返し口
ヤギ
左耳（外側）
ホワイト#701
グレー#MB
ステッチ
返し口
ヤギ
右角
＊左右対称
に2枚
ホワイト#235
グレー#790
返し口
ヤギ
左角
＊左右対称
に2枚
ホワイト#235
グレー#790
返し口

PONY ポニー

作品→ p.26　作り方→ p.64

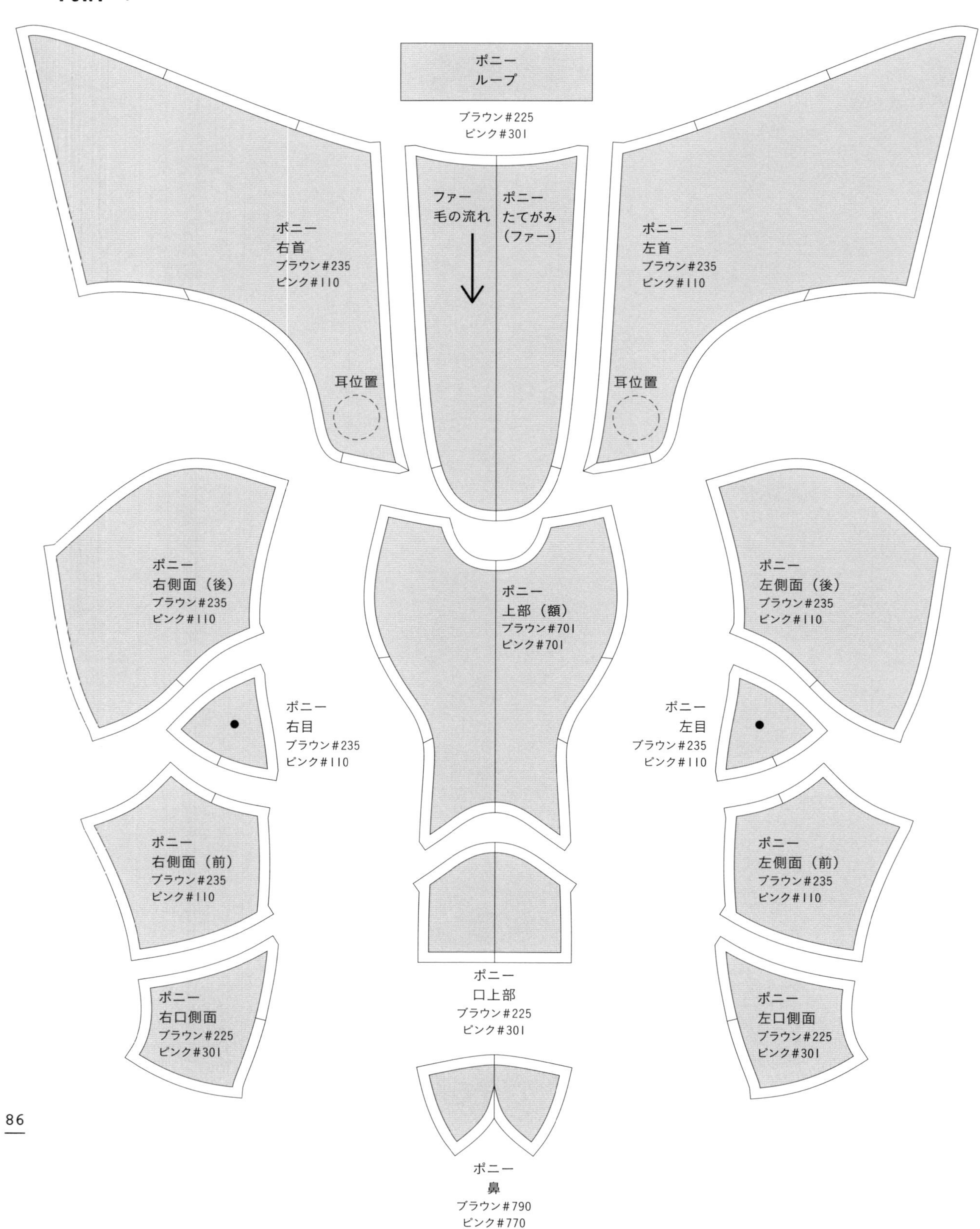

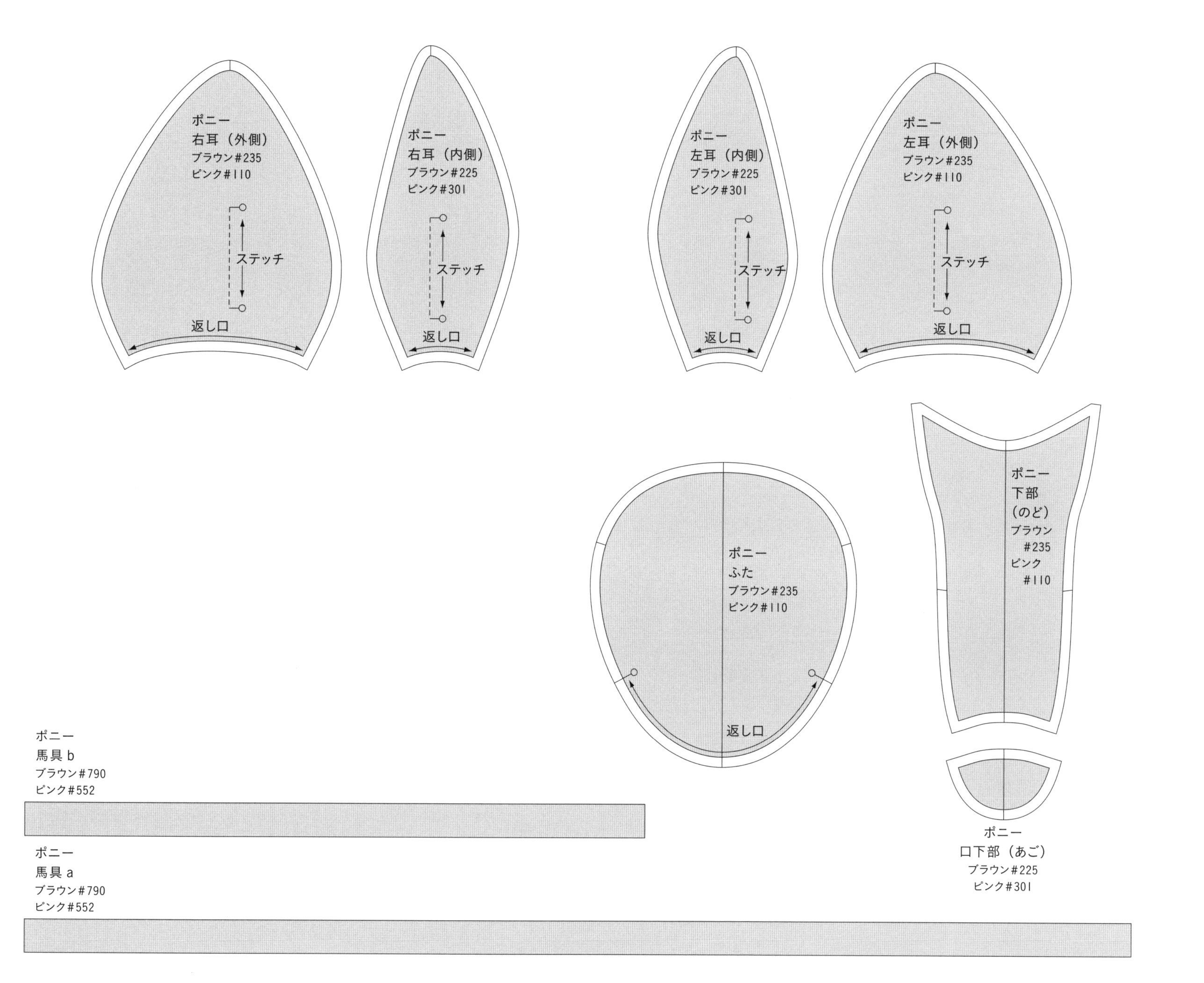

ポニー
右耳（外側）
ブラウン#235
ピンク#110
ステッチ
返し口
ポニー
右耳（内側）
ブラウン#225
ピンク#301
ステッチ
返し口
ポニー
左耳（内側）
ブラウン#225
ピンク#301
ステッチ
返し口
ポニー
左耳（外側）
ブラウン#235
ピンク#110
ステッチ
返し口
ポニー
ふた
ブラウン#235
ピンク#110
返し口
ポニー
下部
（のど）
ブラウン
#235
ピンク
#110
ポニー
口下部（あご）
ブラウン#225
ピンク#301
ポニー
馬具 b
ブラウン#790
ピンク#552
ポニー
馬具 a
ブラウン#790
ピンク#552

ALPACA アルパカ

作品→ p.30　作り方→ p.66

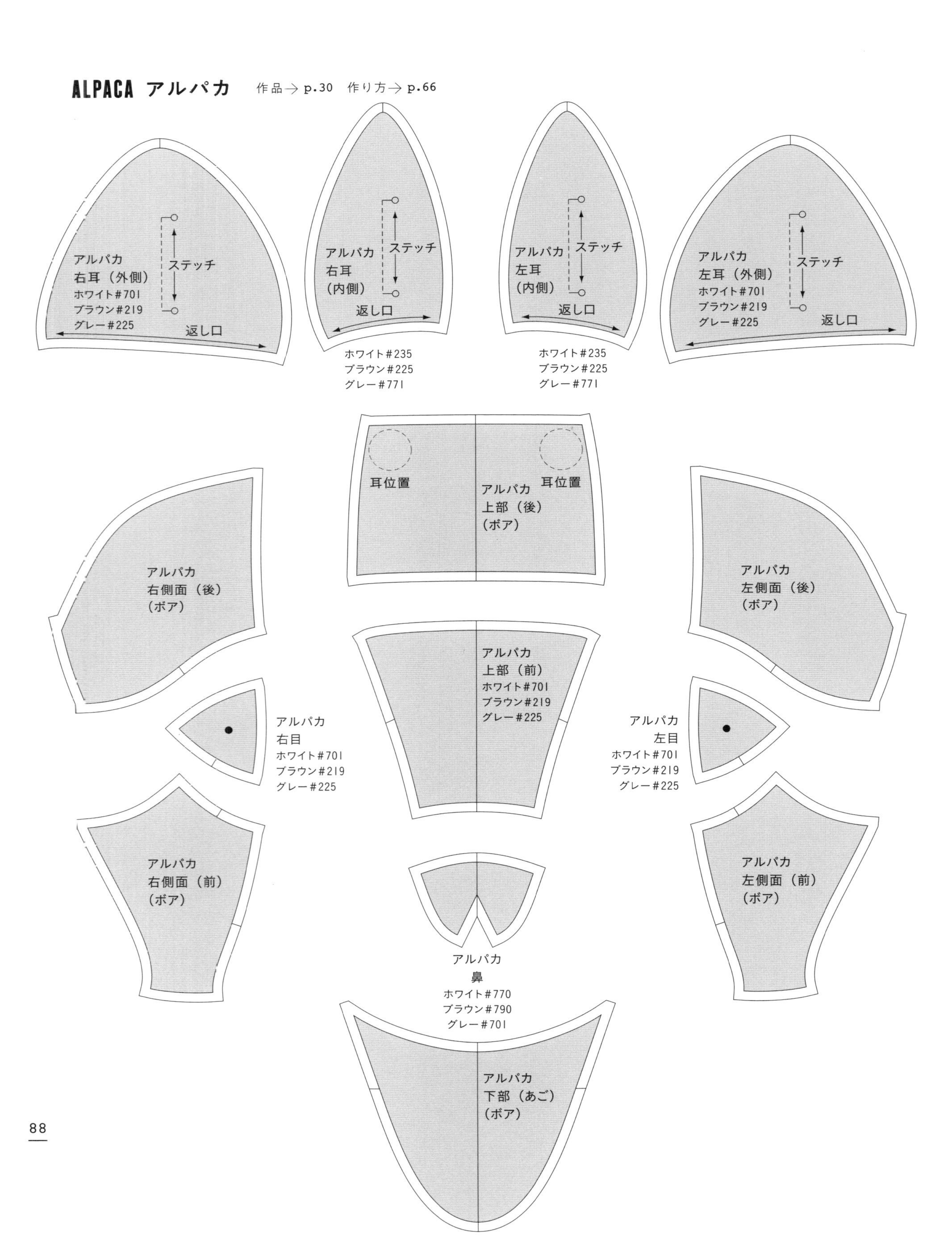

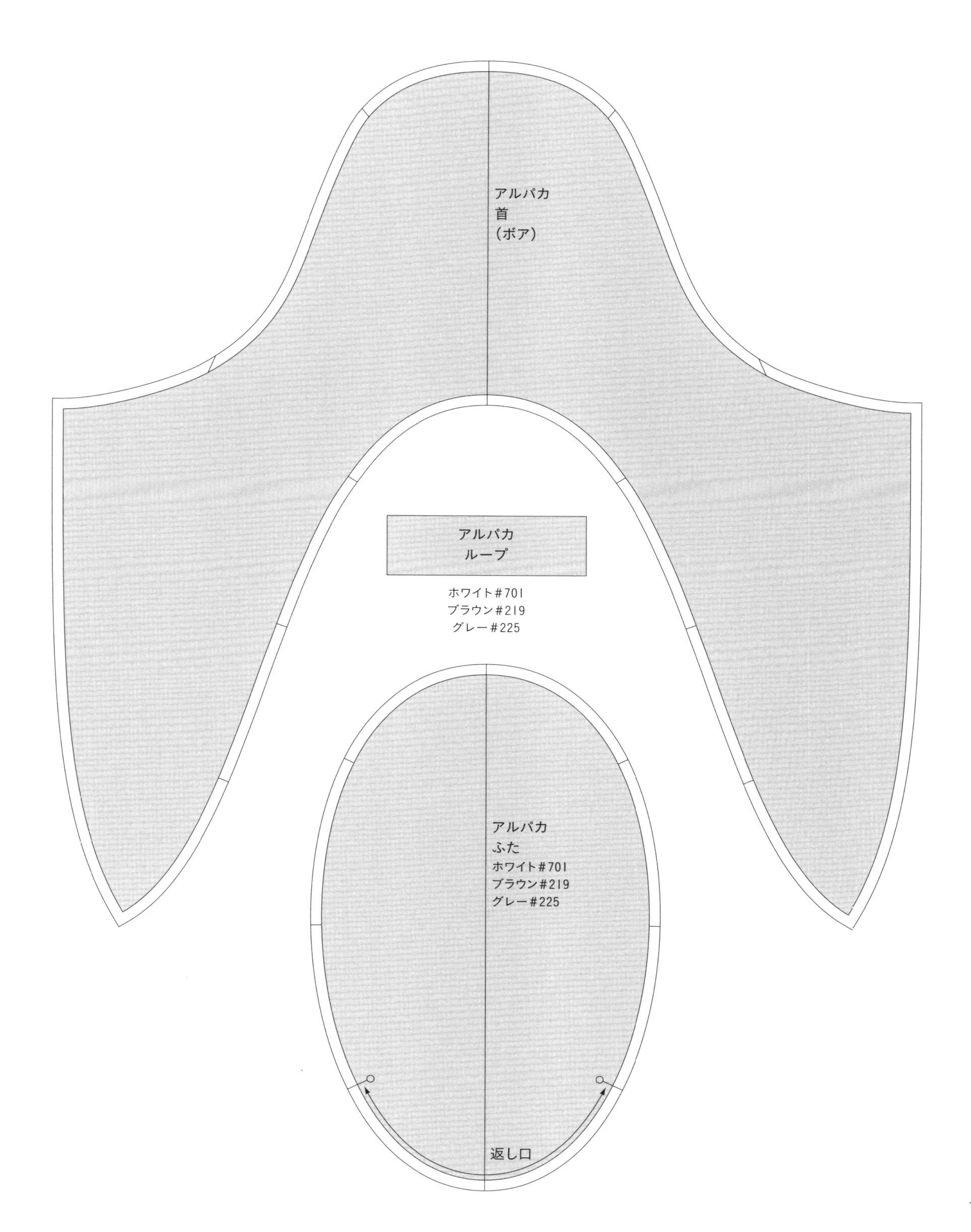
アルパカ
首
（ボア）
アルパカ
ループ
ホワイト#701
ブラウン#219
グレー#225
アルパカ
ふた
ホワイト#701
ブラウン#219
グレー#225
返し口

IMPALA インパラ　作品→ p.32　作り方→ p.68

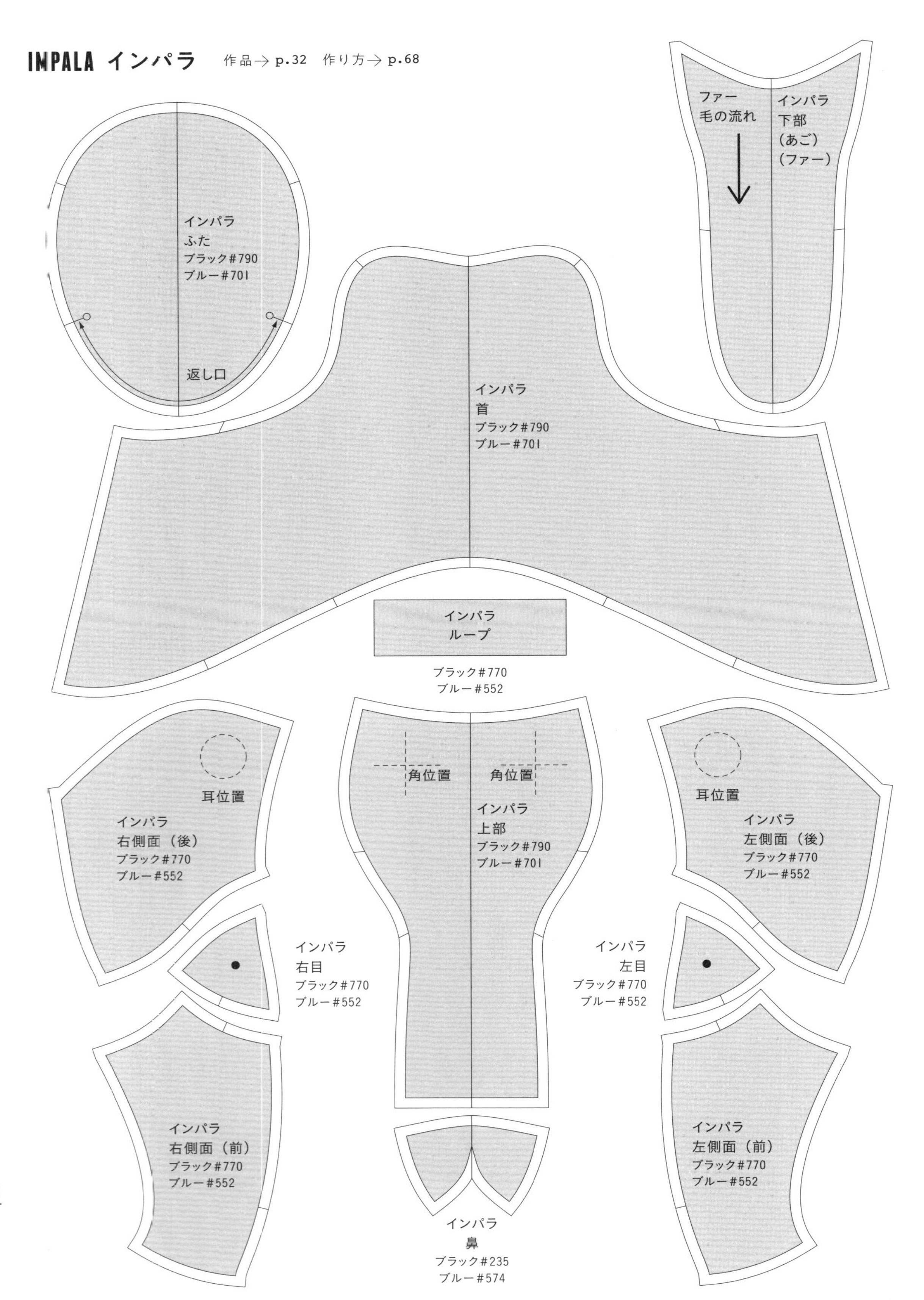

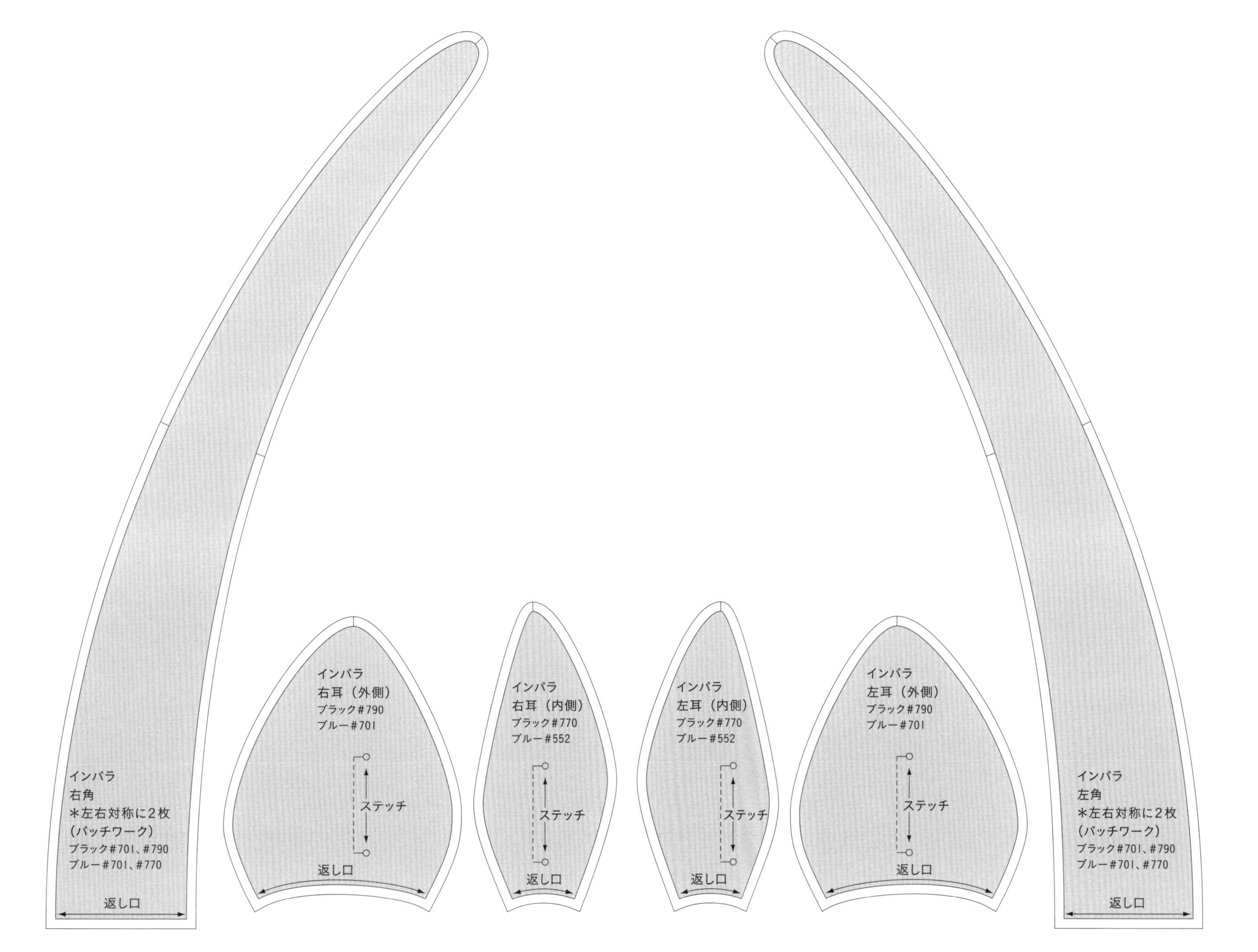
インパラ
右角
＊左右対称に2枚
（パッチワーク）
ブラック#701、#790
ブルー#701、#770
返し口
インパラ
右耳（外側）
ブラック#790
ブルー#701
ステッチ
返し口
インパラ
右耳（内側）
ブラック#770
ブルー#552
ステッチ
返し口
インパラ
左耳（内側）
ブラック#770
ブルー#552
ステッチ
返し口
インパラ
左耳（外側）
ブラック#790
ブルー#701
ステッチ
返し口
インパラ
左角
＊左右対称に2枚
（パッチワーク）
ブラック#701、#790
ブルー#701、#770
返し口

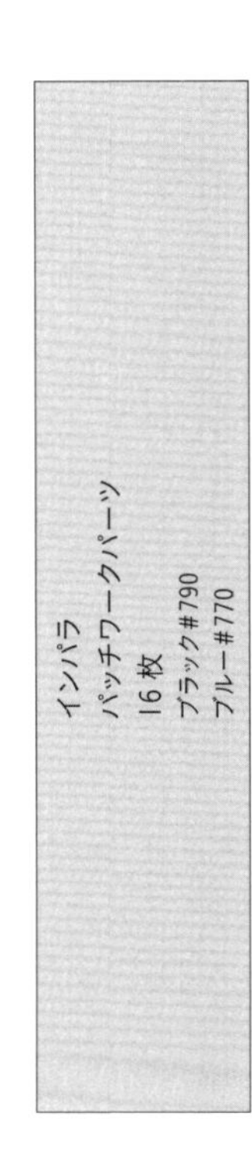
インパラ
パッチワークパーツ
16枚
ブラック#790
ブルー#770

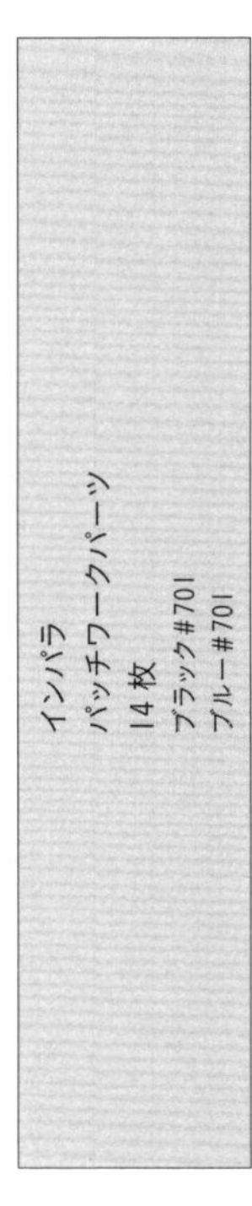
インパラ
パッチワークパーツ
14枚
ブラック#701
ブルー#701

インパラ
角
パッチワーク縫い合わせ図
＊左右対称に2枚
＊色合わせが交互になるように配置してください。

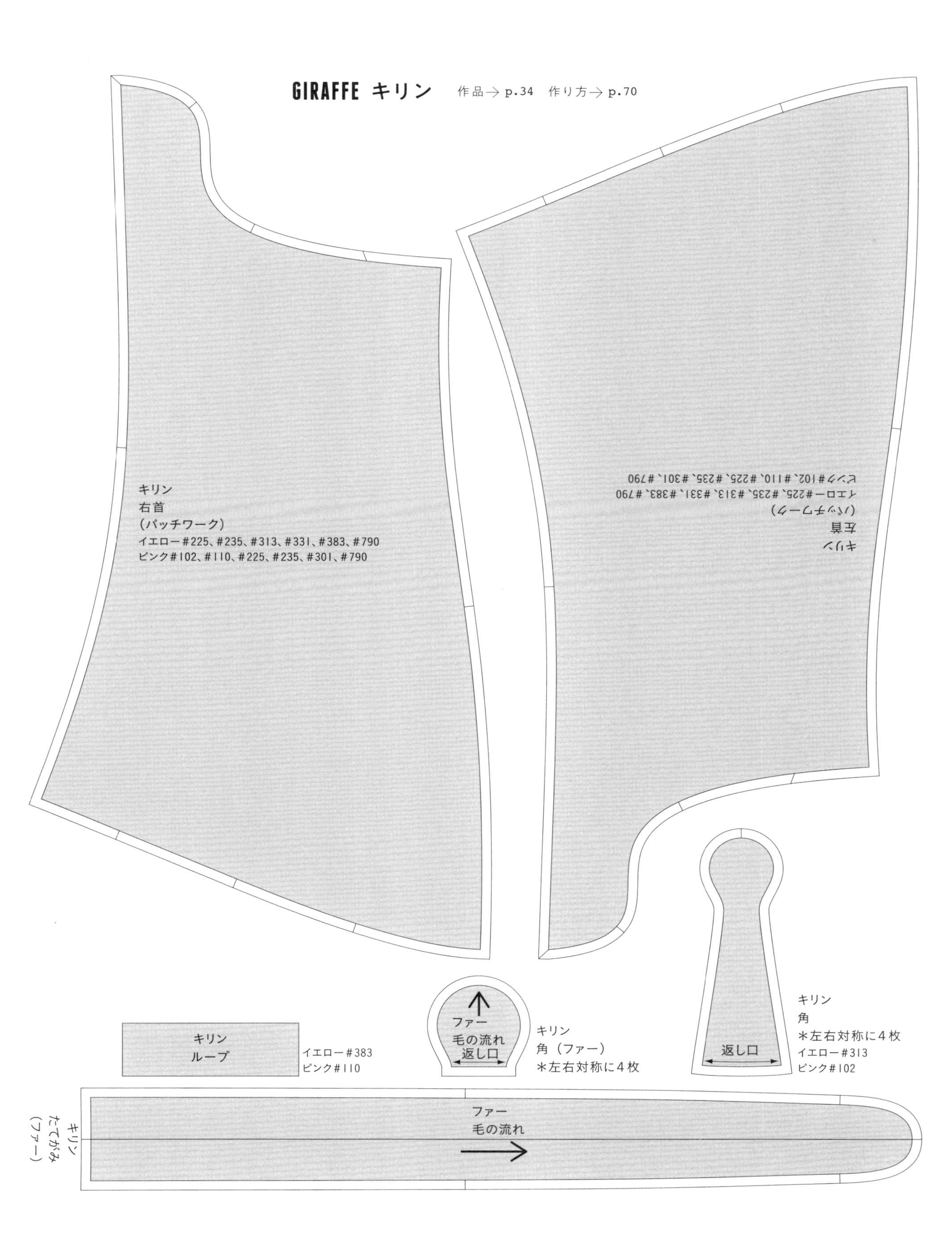
GIRAFFE キリン
作品→p.34　作り方→p.70
キリン
右首
(パッチワーク)
イエロー#225、#235、#313、#331、#383、#790
ピンク#102、#110、#225、#235、#301、#790
キリン
左首
(パッチワーク)
イエロー#225、#235、#313、#331、#383、#790
ピンク#102、#110、#225、#235、#301、#790
キリン
ループ
イエロー#383
ピンク#110
ファー
毛の流れ
返し口
キリン
角（ファー）
＊左右対称に4枚
返し口
キリン
角
＊左右対称に4枚
イエロー#313
ピンク#102
キリン
たてがみ
(ファー)
ファー
毛の流れ

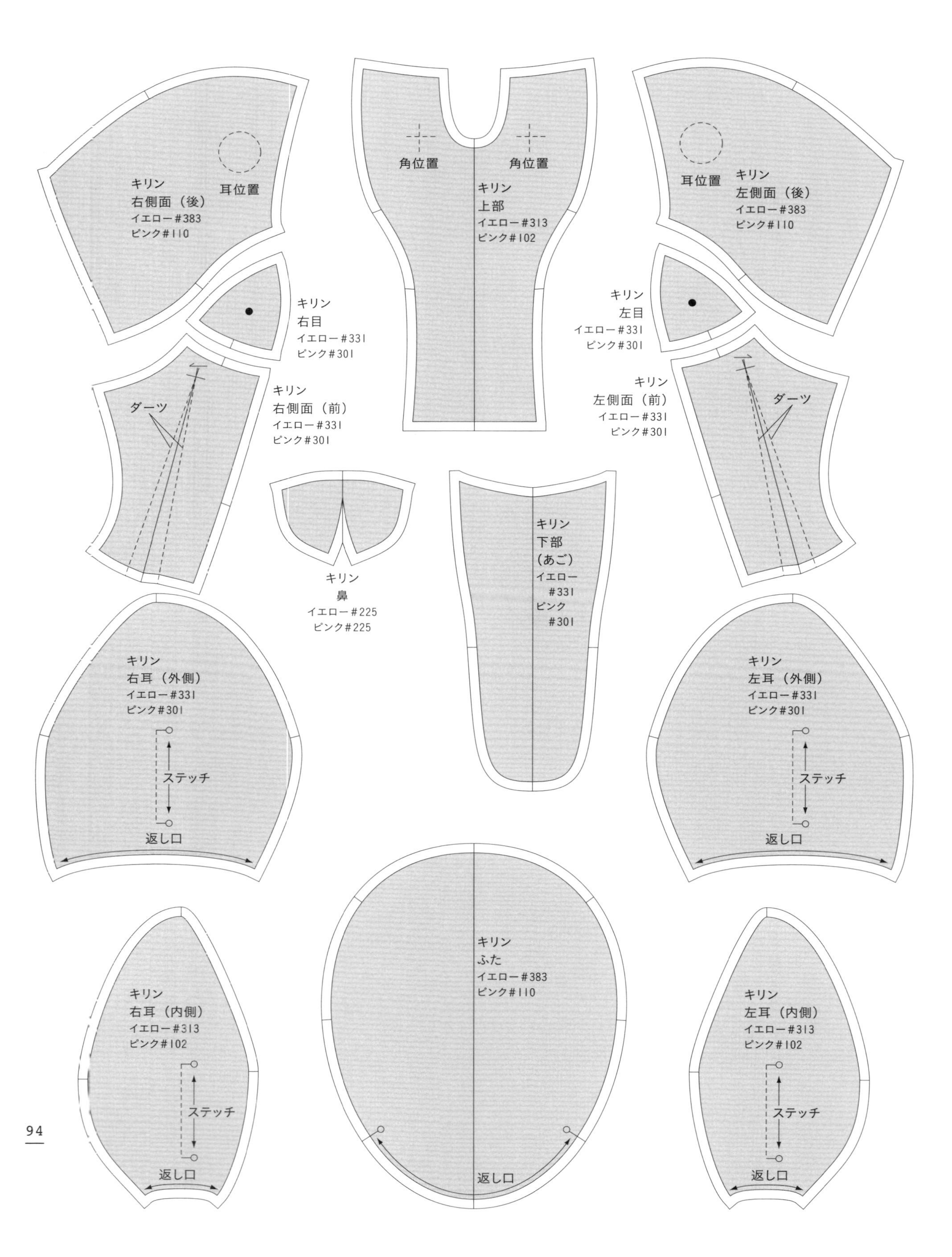
キリン
右側面（後）
イエロー＃383
ピンク＃110
耳位置
角位置
角位置
キリン
上部
イエロー＃313
ピンク＃102
耳位置
キリン
左側面（後）
イエロー＃383
ピンク＃110
キリン
右目
イエロー＃331
ピンク＃301
キリン
左目
イエロー＃331
ピンク＃301
ダーツ
キリン
右側面（前）
イエロー＃331
ピンク＃301
キリン
左側面（前）
イエロー＃331
ピンク＃301
ダーツ
キリン
鼻
イエロー＃225
ピンク＃225
キリン
下部
（あご）
イエロー＃331
ピンク＃301
キリン
右耳（外側）
イエロー＃331
ピンク＃301
ステッチ
返し口
キリン
左耳（外側）
イエロー＃331
ピンク＃301
ステッチ
返し口
キリン
右耳（内側）
イエロー＃313
ピンク＃102
ステッチ
返し口
キリン
ふた
イエロー＃383
ピンク＃110
返し口
キリン
左耳（内側）
イエロー＃313
ピンク＃102
ステッチ
返し口

キリン
パッチワークパーツ（大）
8枚

キリン
パッチワークパーツ（中）
12 枚

キリン
パッチワークパーツ（小）
16 枚

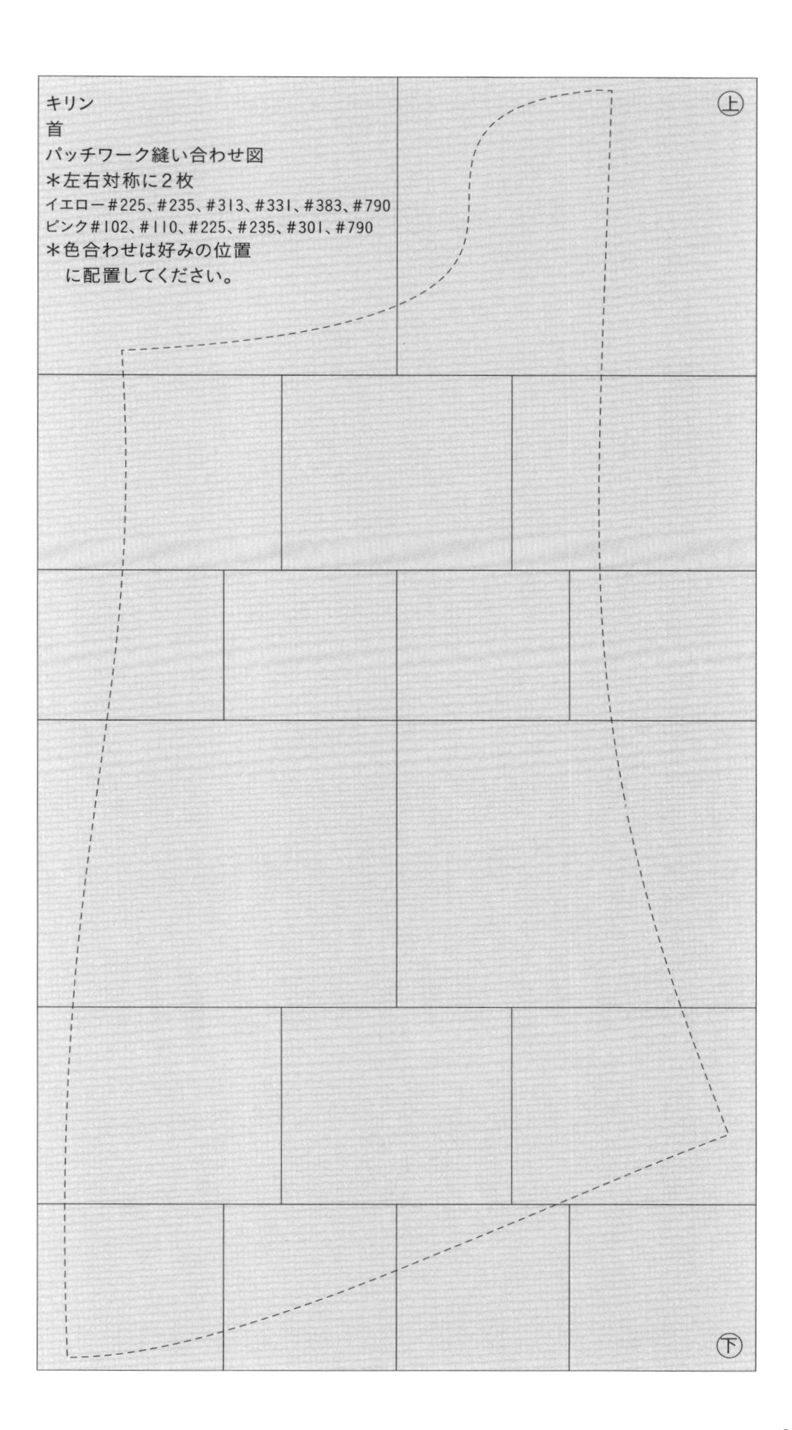

Hande und Stitch／花村一晃

1981年岐阜県生まれ。「アニマルトロフィー」作家。
大阪芸術大学、文化服装学院 卒業。「minneハンドメイド大賞2017」グランプリ受賞。衣装製作、アパレルメーカーを経て、渡独。2011年帰国後、自身のブランド"Hande und Stitch"のデザイナーとして活動を始める。ワークショップ「アニマルトロフィーを作ろう！」も各地で開催。
http://www.hande-und-stitch.com
https://www.instagram.com/hande_und_stitch/

型紙制作　Hande und Stitch
（花村一晃・安部邦晴）
撮影　福井裕子
デザイン・装丁　三上祥子（Vaa）
編集進行　古池日香留

撮影協力
○AWABEES
〒151-0051　東京都渋谷区千駄ヶ谷３-50-11
明星ビルディング５F　TEL 03-5786-1600
○TITLES
〒151-0051　東京都渋谷区千駄ヶ谷３-60-５
オー・アール・ディ原宿ビル１F
TEL 03-6434-0421

材料協力
○サンフェルト株式会社
〒111-0042　東京都台東区寿２-１-４
TEL 03-3842-5562（代）
○ハマナカ株式会社
〒616-8585　京都市右京区花園藪ノ下町２番地の３
TEL 075-463-5151（代）
○ディー・エム・シー株式会社
〒101-0035　東京都千代田区神田紺屋町13番地 山東ビル７F
TEL 03-5296-7831
○株式会社フジックス
（2020年まで下記に仮移転中）
〒600-8424　京都市下京区室町通高辻上る山王町569番地
TEL 075-744-0923　FAX 075-744-0963

道具協力
○クロバー株式会社
〒537-0025　大阪市東成区中道３-15-５
TEL 06-6978-2277（お客様係）
○ブラザー販売株式会社
〒467-8561　名古屋市瑞穂区苗代町15番１号
【ミシン本体の問い合わせ】
TEL 050-3786-1134（お客様相談室／ミシン119番）

掲載協力
○オカダヤ新宿本店
〒160-0022　東京都新宿区新宿３-23-17
TEL 03-3352-5411（代表）
営業時間10：30～20：30
オカダヤ公式オンラインショップ
http://www.okadaya-shop.jp/1/

飾（かざ）って楽（たの）しむ動物（どうぶつ）たちのインテリア
フェルトでつくる　アニマルトロフィー

NDC594

2018年11月25日　発　行

著　者　Hande und Stitch（ハンド ウンド ステッチ）
発行者　小川雄一
発行所　株式会社 誠文堂新光社
〒113-0033　東京都文京区本郷３-３-11
［編集］電話 03-5805-7285
［販売］電話 03-5800-5780
http://www.seibundo-shinkosha.net/
印刷・製本　大日本印刷 株式会社

ISBN978-4-416-71801-8